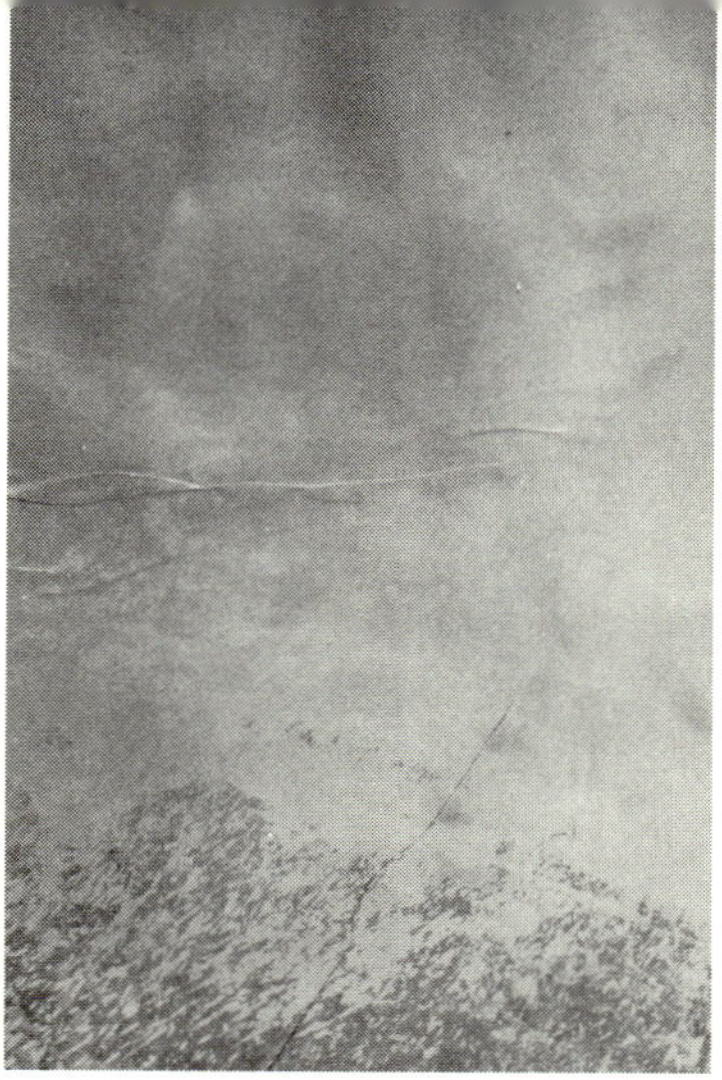

剣を収めよ

Put Down Your Sword

創造的非暴力と福音

Answering the Gospel Call to Creative Nonviolence

ジョン・ディア
John Dear

志村真訳
Shimura Makoto

新教出版社

ジョーン・バエズに

Put Down Your Sword.
Answering the Gospel Call to Creative Nonviolence

Published 2008 by Wm. B. Eerdmans Publishing Co.
Grand Rapids, Michigan
USA
Japanese translation by Makoto Shimura
Shinkyo Shuppansha
Tokyo, Japan
2018

目次

装丁　宗利淳一

序

毎日のように、恐怖と悲しみの物語を耳にします。バグダッドの市場で五十人が殺された、バージニア大学で三十人の学生が銃撃を受けて死んだ、ハリケーンによって何百人も死んだ、海面の上昇、アメリカが支援するイスラエル軍がパレスチナ人を襲った、アフリカでＨＩＶ／ＡＩＤＳが蔓延している、メキシコとの国境では毎年、それを越えようとした数千人が死んでいる、新型核兵器の開発のために巨額が投資されているのに、教育、就労、保健、住宅分野でさらなる予算の削減が行われたとか、さまざまなことを耳にします。悪いニュースがあまりにも多く、しかも大々的に報じられるので、どんなに良いニュースでも吹き飛ばされてしまいます。そうです。私たちは良い知らせがあることを忘れてしまっているのです。

平和の使者や聖人たちの生涯を学ぶ中で気づかされたのは、この人々は悪い知らせを聞くのではなく、良いニュースにしっかりと耳を傾け、そしてさらなる良いニュースを生み出そうと努力したということです。その人々は希望に生きました。なぜなら、希望に満ちたことを行ったからです。何よりも、イエスという先例に目を留めて、彼の教えに聞き、その教えをこの世界に適用させながら、教えに従って生きようとしました。そして、そのように生きる中で他の人々への良い知らせとなりました。イエスが民衆に希望を与えたように、この人々も他者に希望を与えたのです。

イエスは世界史上、最大の非暴力実践者でした。私たちの時代は、全面暴力の時代、地球温暖化、果てしない戦争の時代ですが、その中にあってイエスは、あらゆるレベル、すなわち個人のレベル、地域・社会、経済、霊的そして政治レベルにおいて良い知らせをくださいます。彼は暴力からの出口を、そして新しい平和の世界に向かって前進する道を指し示しておられます。

もう二十五年以上になりますが、私はイエスの非暴力の福音を、その平和の良き知らせを実践してきました。平和と正義を求める私の働きは、国境を越え、世界の各地へとこの身を運んでくれました。近ごろは、旅する以外は、平和の良き知らせを語りながら、ニューメキシコ州の砂漠地帯のメサ（高地）に一人で住みながら、原爆誕生の地ロスアラモスの武装解除運動のために取り組んでいます。私と友人たちは、良き知らせの一部分となりたい、良き知らせに耳を傾け、悪い時代において良いニュースを生み出したいと願っています。

この小さな書物が、非暴力の福音を携えての旅と実践に由来する、いくらかの黙想や省察、観察と教訓を提供するものであることを願います。最初の三章では、神とイエスの非暴力について学び、気づかされてきたことをお分かちしたいと思います。「イエスの最後の言葉」「八至福」

「神の非暴力的イメージ」についてです。第四章以下では、これまで私に多大な影響を与えてきた平和の使者たちについての随想。マーティン・ルーサー・キングJr.やティク・ナット・ハン、シーザー・チャベス、トマス・マートンといった歴史的な人物から、ヘンリ・ナウエンやビル・オドネルといった司祭たち、そしてジョーン・バエズやデニーズ・レバトフ、ゾフィー・ショルやフランツ・イェーガーシュテッターといった抵抗者についての随想を掲げました。

私たちを落ち込ませ恐怖に陥らせる、暴力と失望に満ちた世界にもかかわらず、読者の皆さんが非暴力の福音の道にさらなる一歩を踏み出すことができるよう、私はページを希望の言葉で埋めるよう努めました。私たちは平和に生きることを求めています。私たち自身の間で、他者との間で、全人類において、あらゆる被造物において、平和の神と共に生きることを求めています。そして、そのような生き方は、個人においても地球規模でも可能だと信じるものです。私たちは、暴力の文化からの下賜として平和を待ち望むことはできません。むしろ、平和の神への信仰のしるしとして、神の平和の国に至る入口への手がかりとして、相互の贈り物として、私たちと全人類の希望の道として、この今を平和に生きることが求められているのです。

この随想が平和の旅路にある皆さんを励ますものであることを願います。戦争と貧困、暴力、あるいは核兵器のない新しい世界の到来を、そこで良き知らせを聞き、もう一度勇気を奮い起こすことのできる、非暴力で大いなる希望に満ちた新しい世界の到来を追い求める皆さんに、力を与えるものでありますよう、祈ります。

わたしは神の宣言を聞きます。
主は平和を宣言されます、
御自分の民に、主の慈しみに生きる人々に。
民は愚かなふるまいに戻ってはならない。
主を畏れる人に救いは近く、
栄光は私たちの地にとどまるでしょう。
慈しみとまことは出会い、
正義と平和は口づけします。
まことは地から萌えいで、
正義は天から注がれます。
主は必ず良いものをお与えになり、
わたしたちの地は実りをもたらします。

ジョン・ディア

正義は御前を行き、
主の進まれる道を備えます。
（詩編八五・九～一四、『新共同訳聖書』を生かした訳者私訳。原著はＮＡＢから引用）

1　イエスの最後の言葉

数年前に、アメリカ合衆国の福音派キリスト教会の指導者の一人と会う機会がありました。数十年にわたってビリー・グラハム牧師のアシスタントとして働き、全国朝食祈祷会の企画に携わってきた方です。イエスの福音に情熱を注ぎ、マザー・テレサと時を共にしたり、ゲツセマネ大修道院[1]での静修会にも参加したりしたことがある方です。私は招かれて、彼と共に、語り合い祈り合って午前中を過ごしました。

彼のような著名なクリスチャンと、どのような話をすればよいのでしょう？　まず握手をしました。そして単刀直入に聞きました。「ゲツセマネの園で兵士たちがイエスに近づいて来たとき、彼が発した最後の言葉は何でしたかねえ。……言い換えましょう。イエスが殺害される前に教会に向かって言われた最後の言葉は？」

新しく友人となったこの方は、私のことをじっと見ました。彼は知らなかったのです。

「剣をさやに収めなさい。」

イエスはその生涯を創造的な非暴力の教えと実践に割かれたことを、私は説明しました。イエスは私たちに敵を愛するよう、祝された平和の使者となるよう戒められました。暴力と殺人、戦争を全面的に禁じられました。たとえどのような崇高な大義があったとしても、私たちには殺すことは許されていない。以上。

兵士たちがイエスを捕らえようと挑みかかったとき、弟子の一人が剣を抜いて打ちかかりました。イエスに従う者が兵法を用いたのです。マタイ、マルコ、ルカ福音書はその弟子の名前を伝えていませんが、ヨハネは記しています。剣を振り回した弟子とは、こともあろうかペトロでした。英雄とは言い難いですね。イエスが裁判にかけられたとき、イエスなどまったく知らないとペトロが否認したことを、私たちは後で知ることになります。ペトロはイエスを守ろうとして暴力に訴えたのではなく、自分を救うためにそうしたのでしょうか。

大勢の聴衆に向かって、あるいは小規模の静修会で非暴力の福音について語りながら、アメリカ国内を、そして世界のあちこちを旅する私に、多くの人たちが次のような反応を返してくれます。「うーん、ジョン。こういった平和についてのことは良いものだと思うし、非暴力は美しい理想だと思う。そして、イエスは確かに好い男だ。だがね、場合によってはだれかを殺さなければならないことがあるんじゃないか。場合によっては、戦争も正当化されるんじゃないか。過去には教会は正しかった。でも、山上の説教はもう捨てていいんじゃないか。ある条件にマッチすれば暴力も正当化されると思うんだ。われわれは実際問題、ヒトラーやノリエガ、サダムやオサマ（あるいは殺さなければならないと言われている者はだれであれ）を殺さなければならないんだ。」

そこで私は説明を続けるわけです。もし仮に、正戦論が適用される事態に陥ることがあったとすれば、あるいは仮に暴力が神によって支持され正当化される状況になったとすれば、そのときこそ私たちは、イエスが逮捕され処刑場に引きずられていく直前の、あのゲッセマネの園にいることになります。その瞬間こそ、暴力を適用できるかどうかという歴史の究極点なのです。ペトロは正しい。弟子としての第一の使命は、この「聖なる無実の人」を守ることだと考えたからです。彼は間違ってはいない。なぜなら、イエスが逮捕され連行されることなどあってはならないと知らしめるために、剣を抜いて人々を殺し始めるのですから。

ペトロがイエスを守ろうと剣を抜いた、まさにその瞬間、あの戒めが鳴り響きました。

「剣を収めなさい。」

弟子たちが最終的にイエスと彼の教えについて理解した瞬間とも言えるのではないでしょうか。そのときにこそ、イエスが平和と愛、非暴力に命を懸けておられることに気づいたのだと思います。イエスは、非暴力に全身全霊を傾けられたがゆえに、暴力を用いてご自分を守ることはなさらなかった。啓示としてのアガペーがその人たちに開示された瞬間だと思います。その瞬間、弟子たちはどうしたのでしょうか。一人残らず逃げました。

イエスは？　逮捕されました。牢に投げ込まれ、嘲笑され、法廷に引き出されました。拷問され、処刑されました。けれども、一度も仕返しなさいませんでした。怒りを爆発させることなく、だれをも非難なさいませんでした。イエスは非武装で非暴力。弱く、孤独で、しかし祈り心《ごころ》に満ちていました。亡くなられたとき、自分を殺害した者を憐まれ、その人々を赦されました。ガンディーが記しているように、イエスは歴史上、最も完全な非暴力の実践者でした。私はイエスのことを非暴力の受肉者、愛と平和の神の具現者だと考えています。彼の非暴力は、今日のキリスト教的信従理解の鍵であると思います。彼は私たちにすべてのことを教えられます。いかに生きるか。いかに愛し、いかに祈るか。いかに苦しみ、いかに死ぬか。すべてのこと、否、いかに殺すか以外のあらゆることを。

私たちは、イエスの最後の戒めを否認しながら過去千七百年を過ごしてきました。戦争を正当化し、十字軍を率い、通常爆撃機と核攻撃機を祝福をもって送り出してきました。世界大戦を支持することで、私たちは何度も何度も彼を裏切り、否認し、背いたのです。

けれども戒めは存続しています。「剣を収めなさい。」いつの日か、イエスの福音の中に正戦論が占める場所はないと、教会が気づくときが来ると私は信じています。正戦論は、イエスが堅く立って、そのために生きて死んだあらゆることに反するものであることに、人々が気づくときが来ると信じています。その暁には、正戦論は失墜するでしょう。故ドジエル司教が言われたように、正戦論はかつての「地球平面説」と同じように、引き出しの中にしまい込まれることになるでしょう。実は、ほとんどの礼拝出席者が、内心、イエスは非暴力主義者で非暴力を教えられたと思っているのではないでしょうか。イエスが暴力や戦争、核兵器を正当化されたことは一度もなかったことを知っているのではないでしょうか。私たちがこの分野において、かくも頑なにイエスに背いているのであれば、その他の暴力を正当化する理論をどうして持たないのでしょうか。たとえば、「正死刑論」「正地球温暖化論」「正人種差別論」「正性差別論」などです。不条理ではありませんか。

いつの日か教会は目覚め、暴力と戦争を完全に否定して、非暴力の福音のみを教えるようになるでしょう。あらゆる場所でキリスト教徒は軍役から離れ、従軍を拒否するようになるでしょう。戦闘行為を妨害し、剣を鋤に打ち直すことでしょう。イエスに従って、マハトマ・ガンディー、ドロシー・デイ、マーティン・ルーサー・キングJr.が持っていたのと同じ情熱を傾けて、非暴力という良き知らせを広げていくことでしょう。

私が一通り話したあと、その新しい友人はしばらくの間、黙っていました。深い思慮の様子が見て取れました。そしてこう言いました。「とても重要な見解ですね。」そこで、さらにひと押しすることにしました。イエスの戒めを私たちはどれだけ真剣に受け止めようとしているか。私たち自身の人生において非暴力の旅路をどれだけ歩んできたのか。全面戦争、全面暴力の時代において、非暴力の十字架、苦しむ愛は何を意味しているのか。私たちは祈り、教会に通い、イエスについて読み、書き、説教し、彼についての大集会を組織することができます。けれども、イエスは何よりもご自分に従うことを求めておられると思うのです。初代教会のルーツに戻り、剣を収めることを求めておられる。自己防衛としての暴力を放棄し、正戦論を反故にして、兵器を廃棄し、戦争を終わらせることを求めておられる。そして、不正義に対しては抵抗し、飢えている人々に食物を、家のない人々に住宅を提供し、すべての人と和解して、普遍的で非暴力的な愛を実践することを求めておられると思うのです。非武装のキリストは、彼の共同体、教会が創造的で愛に満ちた非暴力の共同体であることを求めておられます。この歴史上、最も深刻な脅威の時代にあって、私たちの前に置かれた大きな挑戦は、端的に言って、この言葉と共にイエスを受け入れることです。剣を収め、非暴力の教会、非暴力の民となれ。

2　平和の「八至福」

　マタイによる福音書の五章を開いてください。そうすれば、あなたはもはや同じ自分ではなくなるでしょう。ガンディーとマーティン・ルーサー・キングJr.は、名高い「八至福」で始まるこれらの章節を、それまで非暴力について書かれたものの中で最良の宣言であるとしています。それが偉大であるのには数多くのはっきりとした理由――その厳しさと簡潔さ、純然たる詩学性、倫理性と実際性――があります。けれども、それが偉大であるのは、すぐには気づかないような理由――それらの背後に隠された批判的含意――もあるのです。すなわち、イエスがその中で生きて死んだ戦争文化はいずれも、反対命題として以下に示す一連のものから力を得ています。それらを「反・至福」と名づけることができるかもしれません。

　それらは、いとも簡単に再構成することができます。なぜなら、それらは、どれも、ああ、あまりにも見慣れたものだからです。私たちは人生の全体を通して、それらを個人教授されてきました。それらは未解決のまま、私たちの骨の髄まで染み込んでいます。この暴力と不正義と戦争の偽のスピリチュアリティこそ、イエスが声を大にして反対されたものなのです。彼は、あらゆる「反・至福」に立ち向かわれました。

「豊かな者は幸いである。この世の国はわれわれのものである」

経験的に、豊かな人々が世界を支配し、残りの者たちは、ときには悲惨な姿で死んでいます。しかし、イエスは本当の真実でもって反論されます。心の貧しい人々、何も持たない人々、力も、地位も、所有物も、成功も何も持たない人々は、幸いである。その人々は第一の、すなわち最大の祝福を受けるのです。神の国に入るという祝福です。豊かな者はそれ以外のものすべてに対する権利を主張します。このようにイエスは、貧しい人々と友情を交わしながら生きるよう、私たちを招かれます。力と支配を手放し、弱さを受け入れて生きるよう招いておられます。つまり、私たちが貧しい人々と分かち合いながら、下降志向を実践して生きるなら、貧しい人々は私たちと神の国を分かち合うのです。

国防総省の基本信条「他の人々を悲しませる者は幸いである」

殺す者、戦争を支持する者、人殺しのための予算に税金を支払う者、核兵器を製造する者、民を処刑する者……これらの人々は幸いである、と国防総省は主張します。さらには、愛する者を失って泣いたことが一度もないのなら、あなたは幸いである、とも。しかし、イエスはこの

「反・至福」を正されます。飢えや不正義で、本来ならば治るべき病気で、そしてヒロシマとベトナムからエルサルバドルとイラクに至る戦争で愛する者を失った数十億の人々は幸いである、と言われます。神の慰めが注がれるのです。私たちに即して言えば、嘆きは平和の建設へと導きます。愛する者を失って泣いている人々と共に泣くとき、私たちは神の慰めを受けるのです。逆にそうしないのなら、どのような慰めも私たちにはもたらされません。

あらゆる好戦文化のモットー

「暴力的でだれにも負けない者、誇り高く力に満ちた人々、支配的で抑圧的な人々は幸いである」

けれども、イエスは言われました。柔和な人々は幸いである。やさしく、謙虚で、非暴力な人々は幸いである、と。暴力は血と破壊以外を受け継ぐことはありません。柔和な人々が地を受け継ぐのです。聖フランシスコが見いだしたように、創造と非暴力は表裏一体です。

「不正義に飢え渇いている者は幸いである」

これが、体制というものが発する魅惑のことばです。体制は何としても、不正義や不法、強欲といった方法で自らを存続させようとします。しかし、イエスは正反対の言葉を語られました。不正な利益を求めるたくらみは必ず阻止されるであろう、と。不正な者は決して満たされることはありません。けれども、正義を一生懸命追い求める人々は満たされ、真の意味を見いだすのです。そうした人々は神の目的、すなわち武装解除と世界平和に向けての変革を担う者となります。

「憐みをいっさい示さない者は幸いである」

そのように現代文明は誘います。貧しい人々、女性と子ども、老人、家を失った人々に、被害者、アウトカースト、敵、難民、飢えた人々、在留許可を持たない人々、生まれなかった子どもたち、死刑囚、同性愛の人々、何らかの意味で異なっている人々、私たちが好きではない人々に憐みを示すな、と。しかし、現代文明の精神的結末はこうです。憐みを示さない者が憐みを受けることはない。一方で、イエスはこう述べられます。神の憐みは憐み深い人々にもたらされる、と。

「心の清くない者は幸いである」

私たちが闇に包まれ、混乱と暴力が蔓延したとしても、そんなことは知ったことではない、と好戦文化は言ってのけます。けれども、イエスは言われます。そうした闇が私たちの神についての見方に影を投げかけている、と。それは私たちが貧しい人々の中にキリストを、敵の中、他者の中にキリストの姿を認めるのを妨げるのです。

しかし、「心の清い人々は幸いである。」――武力を持たない心、非暴力の心、普遍的な愛の心を持つ人々は幸いだと言うのです。こうした心からの愛を得るためには、私たちは黙想的な祈りを実践しなければなりません。私たちの暴力を神に引き渡し、その代わりに平和という神の賜物をいただくのです。そのように神の光に照らされて、正義を目指すたたかいの中に、パンと盃の中に、創造の中に、貧しい人々の中に、そして敵の中に私たちは神を見るのです。心の清い人々は神を見ます。今ここで、この至福に満ちたビジョンが始まります。

「戦争を作り出す者は幸いである」

このように大統領や国防総省、そしてそのチャプレンたちは言ってのけます。しかし、いや違う、とイエスは言われます。「平和を実現する人々は幸いである」と。戦争や戦争状態を終わらすことに努め、平和を創出する人々は幸いである、と。その人々は生ける神の息子、娘です。平和は人類が実現すべき神の強いご意志です。神は平和の神です。私たちは神の子どもなのですから、私たちも平和を作り出すのです。

好戦文化は、私たちに愛国者、戦士、「良きアメリカ人」といった高名を与えようとします。私たちがだれであるかを告げようとします。けれども、イエスは私たちに真実を告げてくださいます。すなわち、私たちが平和の神に愛されている息子、娘であるということを。そのことの意味は、イエスと同じように平和の神に従って非暴力を実践し、戦争に抵抗して部隊をイラクから帰還させるよう主張し、平和の聖霊を呼吸しながら生きようとすることです。

「正義のために一度も立ち上がったことのない者、事を決して荒立てない者は幸いである」

沈黙する人々、無関心な人々、距離を置こうとする人々は幸いである。——そうやって切り抜けてきたのですね。そうすれば、だれの怒りを買うこともないし、トラブルを招くこともない。しかし、神の国を得ることはありません。

神の国は「義のために迫害される人々」のものです。戦争や核兵器がはびこる世界にあっては、平和を作り出す人々は歓迎されません。名誉を受けることもありません。その人々は嫌がらせや脅迫を受け、監視され、逮捕、投獄され、殺されることさえあります。けれども、イエスは言われます。このところこそ、預言者や聖人がしたように、非暴力を実践し、愛をもって敵と向き合う好機であり場である、と。

それでイエスは宣言されたのです。「わたしのためにののしられ、迫害され、身に覚えのないことであらゆる悪口を浴びせられるとき、あなたがたは幸いである。喜びなさい。大いに喜びなさい。天には大きな報いがある。」私たちは貧困や死刑制度、核兵器や対イラク戦争に対して取り組むことに情熱を失ってはいないでしょうか。元気を出しましょう。大いに喜びましょう。私たちは正しい道を歩んでいるのです。マハトマ・ガンディー(3)やマーティン・ルーサー・キングJr.、ドロシー・デイ、ロメロ大司教、イタ・フォード、ドロシー・スタング(4)たちの列に加わっているのです。

最近、研究者たちが「八至福」のギリシア語からの翻訳を再考していることを知りました。受動態の「幸いである(祝福されている)」は正確でないと研究者たちは論じます。能動態に訳して、「歩き続けよ! 前進せよ!」とするほうが良いと言うのです。それが正しいとすれば、粘り強さ、励まし、応援といった、これまでとはまったく違う語調を帯びることになります。神は、私たちが正義と平和を追い求める道を完走するよう、励まし続けておられるのです。こうした「能動的八至福」を書き表すならば、次のようになるでしょう。

前進せよ、心の貧しい人たち。謙虚で力を持たない人たち、歩き続けよ。
貧しさにくじけてはならない。神の国はあなたがたのものである。

前進せよ、戦争や飢餓の犠牲者たち。歩き続けよ。
あなたがたは慰められる。

前進せよ、柔和で心優しき非暴力な人たち。地を受け継ぎ、創造の祝福を喜び祝え。

前進せよ、義に飢え渇く人たち。あきらめてはならない。あなたがたは満たされる。「正義は洪水のように、公平は大河のように流れる」のだ。

前進せよ、憐れみ深い人たち。憐みを欠く世界にあって、憐みを示し続けよ。どんな人をも赦そう。どんな人にも共感的であろう。一人一人に憐みを示そう。そうすれば、あなたがたは憐みを受けるであろう。

前進せよ。心の清い人たち。歩き続けよ。平和の光に満たされて、貧しき人々の中に、そして敵の中、お互いの中にキリストを見いだそう。

前進せよ、平和を作り出す人たち。歩き続けよ。戦争に反対して声を上げよう。平和祈祷会を計画しよう。議会に手紙を書き、派遣された部隊を帰還させるよう主張しよう。核廃絶のために働きかけよう。あなた自身で、平和の神の息子と娘でいよう。

前進せよ、義のために迫害されてきた人たち。歩き続けよ。あきらめてはならない。あなたがたは他の偉大な正義の追及者たちを引き継ぎながら立ち上がる者なのだ。その報いは大きい。

これこそ、私たちの文化に脈々と流れている、戦争を奨励する「反・至福」に異議を申す「平和の八至福」です。私たちがこれらの励ましを聞き、指針に従うとき、平和の神は生きておられ、私たちの中で働いてくださっていることを学ぶのです。そのように福音は教えています。すなわち、神の国、神の慰め、神の充足、神の憐れみ、神のみ顔、彼女の娘、息子としての招き、神の最大の報いが私たちに与えられるでしょう。別の言い方をすれば、勇気を奮い起こそう、ということです。神は私たちを豊かないのちへと導いておられます。私たちがなすべきことは、非暴力という狭い道を歩き続け、平和のいのちを生き、喜びをもって祝福に与ることなのです。

3　私たちの神のイメージ

最近のことです。友人でイエズス会士のダニエル・ベリガン神父[5]と私は、アルバカーキにあるカトリック労働者運動の施設で、フランシスコ会士そして教育者であるリチャード・ロアー神父[6]と夕刻を共に過ごしていました。外では吹雪が逆巻いていましたが、窓の内側での会話もまた活発に展開しました。ダニエルと私は原爆誕生の地、ロスアラモスへの日帰りツアーを終えたところでした。私たちは、ロスアラモスで日常の業務がなされていたことにショックを受けて帰って来ました。原爆を中心に構築された文化の全体、世界観、存在の仕方に、です。

他方、カトリック労働者運動から一つの平和の文化が興されています。私たちの話題はその後、非暴力のイエスと平和の神へと移りました。リチャードは、教会の古の教えである犠牲の神学が暴力文化をもたらした、と今は考えていると言いました。私たちはきわめて長い間、「私たちを救うために神はイエスに殺されることを求めた」というあいまいな理由によって、そしてさまざまな仕方で教えられてきました。リチャードは続けました。今や、非暴力贖罪論という新しい神学、神とイエスの非暴力性を支持する新しい神学の時代が来た、と。

リチャードはこのことをずっと考えてきました。彼は聖パウロのフィリピ書とコロサイ書を引用するのですが、どちらの書簡も、イエスを「見えない神の姿」と、詩学的ではあるものの正確に描述しています。もしこの描き方が真理であるなら、私たちが神の暴力について信じてきたことはすべて過ちだということになります。

イエスは完全なる非暴力の愛の神を表しておられます。彼はその生涯と死と復活を通して、完全なる愛、同情、そして非暴力をはっきりと示されました。リチャードはこう言いました。「カルバリの丘でもそれは変わらなかった。」さらにこう言いました。

「イエスはその前も、その時も、その後も非暴力だった。彼は死後も、だれをも罰していない。だれをも非難せず、だれに対しても報復を果たさなかった。イエスの生は、神の非暴力を究極的に啓示したものだ。」

私は心からリチャード・ロアーに賛成します。福音のメッセージがまさに福音であるのは、神を愛せよ、そして隣人を愛せよ、私たちの敵をも愛せよとの招きによって証しされています。驚くべきことに、イエスが敵を愛せよと命じられたのは、それが正しいから、道徳的だから、あるいはなすべき実践だからではありません。神が敵を愛されたからこそ、そう命じられたのです。

神は心広く、差別することなく、普遍的で、惜しみない愛を注がれます。

イエスは「あなたがたの天の父の子となるため」に同じようにしなさいと仰いました。

「父は悪人にも善人にも太陽を昇らせ、正しい者にも正しくない者にも雨を降らせてくださるからである。……あなたがたの天の父が完全であられるように、あなたがたも完全な者となりなさい。」（マタイ五・四五～四八）

これこそ、すべての人間に向けて示された非暴力なのです。そして、キリスト者はそれにならうよう招かれています。

福音書は、イエスの非暴力を最大のスキャンダルとして描いています。弟子たちでさえひるんだほどです。今日、キリスト者で対イラク戦争を支持し、犯罪者を死刑に処すことに喝采を送り、ロスアラモスで核兵器を製造する人々がいます。ある人々は、非暴力の神などという考え方は耐えられないと結論づけています。時間を費やして非暴力の神のことを思い巡らすことは、ほとんどありません。そして、私たち（そう、私たちすべてです）は神についての間違ったイメージを、程度の差はあれ、追い求めているのです。私たちを消滅させ、地獄に叩き込もうとしている人々、私たちを苦しめようとし、不正義と戦争を祝おうとする人々は、言わば、私たち自身が持つ暴力的なイメージに神を仕立てようとするものです。そのようにして、私たちは復讐や懲罰、処刑、そして戦争によっても心乱されることなく、人生を歩むことができるわけです。私たちはロスアラモスでこのことをはっきりと見ました。私たちは戦争という誤った神を礼拝している、と。

しかし、福音書はイエスの非暴力を輝く光の中で誇らしく掲げます。イエスが本当に、目に見えない神の像であるのなら、イエスが生き方の隅々にわたって非暴力であったがゆえに、神は非暴力であることになります。私の見るところでは、このことは神秘と神性への入口です。聖イグナティウスは、同様の考え方をしていたように思われます。かつてのイエズス会の霊性は、求道者に対してそれぞれの神の像について省察するよう指導していました。イグナティウスは、そのことが私たちの人生にとって、私たちの霊性、信仰、そして私たちの未来にとってきわめて重要であることを知っていたのです。私たちはだれを礼拝するのか。私たちの神のイメージはどのようなものであるのか。私たちの神は暴力的か、それとも非暴力的か。

ガンディーもまた、それぞれの神のイメージに注意を喚起し、そのイメージが持つ社会的・政治的意味を浮き彫りにしました。ガンディーの示唆によれば、神を暴力的なものとして思い描くならば、礼拝というものは、私たちが自らの手で、あるいは自らの名において、だれかを犠牲にしたり血を流させたりすることを黙認することになってしまうでしょう。報復と戦争は歩調を合わせ、そうなれば、私たちは瞬きする間もほぼありません。今のこの時代、私たちは地球規模の滅亡という危機に自らをさらしているのです。

けれども、神を非暴力のお方としてイメージするとき、礼拝は平和の香りを醸し出すものとなるでしょう。私たちは深い神秘に入っていき、畏敬の念を抱きながら頭を垂れ、徐々にではありますが、愛の神にならって、非暴力と平和の民へと進みゆくのです。

戦争文化はこれらすべてを考慮しません。戦争文化が口にするのは常に、こういった感じのことです。「そんなおしゃべりは異端に等しい。復讐心に燃えた神のイメージから離れよと言ったって、それではけじめはどうなるのか。秩序はどうなるのか。おかしいよ。そうしたおしゃべりこそ、あからさまの反抗、意地っぱりの反体制、あるいは法に反する抵抗になってしまうんじゃないか。」戦争文化は常に、神の性質について、罪や道徳の定義について、キリスト者としての、いや人間としてのあり方について、私たちに教えようとします。戦争文化が知っているのは、ただ「聖なる」暴力、そして雷電と怒りの神だけです。そこで原子雲が生じたのです。

このようなわけで、私たちの課題は平和の神を思い描くことなのです。私たちの魂のために、そして世界のために、私たちが平和の神のイメージをはっきりと描けば描くほど、イエスの教えをより深く測ることができるようになるでしょう。人間としてあるべき姿を理解し、すべての人々を包み込む、愛の教会、平和を作り出す教会となるでしょう。そして、完全武装しているこの世界を武装解除する方法を探し出すことができるでしょう。

神学教師たちは、神学とは「ゴッド・トーク（God talk）」——単純には、神について語ること——だと言います。聖イグナティウスもガンディーもこれに参入しました。リチャードやダニエル、そして私も、他のカトリック労働者運動の仲間と共に、これに加わるものです。そして、私たちがこの霊的な会話を継続できることを願います。そして、イエスと平和の神についての省察を分かち合うことができることを、その結果、信仰において成長して神の非暴力の奥義へとより深く入れられていくことを願います。

4　キング牧師の大胆な非暴力

マーティン・ルーサー・キングJr.は、平和と正義の神によって遣わされた聖なる預言者でした。戦争と人種差別、強欲、核兵器といった罪を悔い改めるよう、そして正義と非暴力、平和という新しい命に立ち返るよう、私たちの国に求めた預言者でした。キング牧師は一九六八年四月三日、暗殺される前夜、テネシー州メンフィスのメイソン・テンプルで数千人の聴衆を前にして次のように語りました。

「今まで人類は戦争と平和についていていろいろと話はしてきた。しかし今はもう話をしている時ではない。暴力か非暴力のどちらかを選ぶかを議論する余裕はまったくないのだ。今はもう、非暴力（nonviolence）かさもなくば人類の滅亡（nonexistence）かという状況なのだ。[7]」

非暴力か人類の滅亡か

平和の神によって立てられた聖なる預言者に従えば、これこそが私たちの前に置かれた選択肢です。この言葉は、マーティン・ルーサー・キングJr.が世界の民に呼びかけた最後の言葉であり、非暴力という知恵を取り戻すよう私たちに投げかけた挑戦です。今日、彼の非暴力行動について語る者は少なくなってしまいました。けれども、彼の中心的な教えは、あらゆる偉大な平和の作り手たちの言葉と同じように、存続しています。あれからずいぶん時が経ちました。しかし、彼の言葉は個人としても集合的に世界全体としても、私たち一人一人に突きつけられた厳しい選択肢を表しています。

キング牧師は非暴力の使徒でした。個人的にも、国家的にも、地球規模的にも、非暴力の民となるよう、私たち全員に求めています。彼は、ナザレのイエスやマハトマ・ガンディーのように、非暴力は人類の至高の召命であると強く主張しているのです。

それでは、どのようにしたら私たちは非暴力の民となりうるのでしょうか。非暴力と言うとき、彼は何を意味していたのでしょうか。私たちは非暴力をどのように定義づけているのでしょうか。私たちは自分でこの曖昧かつ挑戦的な言葉を定義づけ、家族や友人たちと討議し、人生において実践する新しい道を見いだす必要がある、と私は思います。そして、私たちが教会や共同体、運動においてなすあらゆる事柄の中心に置く必要がある、と思います。

キング牧師は、行動的非暴力は次のようなビジョンをもって始められると教えました。すなわち、和解した人類、私たちのただ中の神の支配、彼の言う「愛の共同体（the beloved community)」というビジョン、あらゆる命が聖とされ、私たちすべての者が対等に姉妹兄弟であり平和の神の子であり、和解を果たし、すべての者が一つとされ結ばれているという真実です。この核心的ビジョンを抱くとき、私たちはもはや他の人間を傷つけることはできなくなります。私たちの国が戦争を開始し、核兵器を保有し、人々を処刑し、何百万もの人々が飢えて死ぬことを許している間、黙したままでいることは決してできないのです。

キング牧師にとって、行動的な非暴力は方策とか方略とかいったこと以上のものでした。それは生き方そのものでした。私たちは暴力を放棄して、他者を二度と傷つけないことを誓うものです。非暴力は受動的ではありません。それは、人類全体のための平和と正義を目指し、組織的悪に抗し、すべての人たちと忍耐強く和解し、たとえ一人であってもだれかを殺すことを支持するような大義などない、と明確に主張する能動的な愛と真理です。私たちは、他者を殺すことよりも正義と平和の取り組みにおいて殺されるほうを選ぶものです。私たちは、この惑星のための正義と平和を追い求めるとき、他者に対して暴力を振るうのではなく、さらなる暴力によって報復を謀るよりも、むしろ苦しむことを受け入れ、耐えていきます。

ガンディーはかつてこう言いました。非暴力は、それが発揮されるとき人から人へと伝播され、国々を非武装化させる能動的で創造的で挑戦的な生命力であり、世界にあるいかなる武器よりも強力である、と。キングも明言しています。非暴力にはいつも効果がある、と。キング牧師がそうしたように、それを試み続けるならば、私たちの生は変革され、正義と平和の新しい世界を作り上げる地球規模の運動に参加することになるでしょう。

暴力に直面する時の選択肢は二つしかない、とこの世は言います。報復して戦うか、逃げるか、です。けれども、非暴力は第三の道を提供します。不正義に対して創造的に、能動的に、平和的に抵抗することです。私たちは公然と立ち上がり、平和の神に信頼しながら、創造的な愛をもって不正義に抵抗するのです。非暴力は私たちの心の中で始まるものです。私たち自身の中で暴力を放棄して、その上で、家庭、共同体、教会、町、国、そして世界全体に向けて非暴力を実践していくのです。個人として暴力に直面したときも非暴力を実践し、かつ正義と平和を求める国際的な草の根の非暴力運動にも加わります。国内および国際的な創造的非暴力運動に関わるとき、私たちは世界を変革しているのです。キング牧師はこうした社会変革の方法論を、バーミングハムへの行進と人種隔離諸法を撤廃させることによって実証しました。ガンディーはそのインド独立運動において非暴力の力を示しました。フィリピンのピープル・パワー運動も南アフリカのアパルトヘイト撤廃運動もそうでした。デモンストレーションやボイコット、ハンガー・ストライキやその他のストライキ、市民的不服従などを通して、創造的非暴力は組織的不正義と戦争を支持する者たちを動かして、そうしたあり方を変えさせてきました。

キング牧師はこう述べています。

「暴力の根本的な弱さは、破壊しようと求めているそのものを生みだす下へ向いた螺旋のようなものだということである。悪を減らすかわりに、暴力は悪を繁殖させる。……暴力を使えば憎む人を殺すことができるかもしれないが、憎悪を殺すことはできない。事実、暴力はただ憎悪を増すだけである。暴力に暴力で報いることは暴力を増し、すでに星のない夜空に、より深い暗黒をつけ加える。暗黒が暗黒を追いだすことはできない。ただ光だけが、それをできるのだ。憎悪が憎悪を追いだすことはできない。ただ愛だけが、それをすることができるのである。」(8)

全面的暴力という九・一一以降の新たなポスト・モダン世界において、アメリカ合衆国がイラクとアフガニスタンでの戦争と占領を、核の瀬戸際政策を、そしてかつてなかったような企業の強欲さ、グローバル経済と帝国主義的支配を遂行している今日、かつてなかった規模での組織的非暴力こそ、未来に向かう唯一の希望の道です。私たちの政府が、国防総省やその戦争起案者たちが、そして企業の支配者たちが、グローバル・エリートの名代として、この惑星を支配するための新たな力を得て乗り出してきています。大衆は、大なれ小なれ、怯えさせられたり黙らされたりして、市民的自由が失われるとか、核兵器の使用は脅威にさらされてのことでやむをえないとか、「政権交代」だとかいった新たな帝国主義的な宣布のすべてを、受身の無関心さと共に受容させられてきました。

帝国は、民主主義と平和は成し遂げられたと信じさせようとしますが、実際は永続的戦争というオーウェル的世界に到達したのです。たとえそうであったとしても、信仰の人、良心と誠実の人は、平和の未来のために革命的非暴力の種を播き、掘り下げていかなければなりません。この革命的非暴力は、帝国主義アメリカ、核武装アメリカの非暴力的解体を追い求めるものです。グローバルな武装解除を、貧しい人々のための正義の実現を、創造の保全を、一つ家族としての人類の平和に専心するところのまったく新しく非暴力で民主的な社会を追い求めます。私たちはキング牧師が目指したところに向かって、結集して進んでいかなければなりません。

キング牧師と平和創造の先達たちはこのビジョンに命を捧げました。この人々はその実現を生きて見ることはできませんでしたが、やがては芽生えて花咲くであろう種を播くことはやめませんでした。同じように、私たちも非暴力の細長い道を歩んでいかなければなりません。そして、必ずやある日、平和と正義の実りを刈り入れることを確信しつつ、平和と正義の種を播かなければなりません。そのためには、帝国主義アメリカとの協力関係から引き上げることが肝要です。すなわち、確固たる非暴力行動を通して、帝国主義アメリカに抗すること、人種的・経済的正義のために建設的に取り組むことを通して、古きものの内側に新しい社会を建設すること、帝国主義アメリカを超えて新しい非暴力の世界を構想すること、です。

帝国主義アメリカに協力することはやめよう

「悪への非協力は善との協力と等しく、われわれの義務である」とガンディーは述べ[9]、キング牧師もそれを反復しました。帝国主義イギリスに協力しないことがすべてのインド人民にとっての義務である、とガンディーが結論づけたように、帝国主義アメリカへの非協力こそ、私たちの義務です。私たちは何としても、戦争と人種差別、核兵器、経済的覇権、貧しい人々に対する世界大の抑圧、帝国主義的暴力、環境破壊といったシステムから引き上げなければなりません。私たちは、自分は帝国主義の腹の中に住む被支配民なのだ、と他者が気づけるよう支援しなければなりません。その人々は制度的不正義との協力関係から引き上げることができるのです。

私たちの非暴力・非協力運動は、シンプルで具体的なステップを含んでいます。すなわち、戦争に協力するマスメディア（『ニューヨーク・タイムズ』や『ワシントン・ポスト』といった）の定期購読をやめ、戦争を支持するTV局をボイコットすることから、別の情報ソースの確保、いたずらな愛国心を捨てること、化石燃料からの転換、戦争税の支払い拒否、世界の貧しい人々を抑圧する巨大企業にもはや出資しないこと、軍隊に入らないよう青年に働きかけること、太陽エネルギーやその他の代替エネルギーを利用すること、自国および海外の権利を奪われた人々のたたかいと生存に関心を向けること、意識的に地球環境と共に生きることまでを含みます。

非暴力直接行動で帝国主義アメリカに抵抗しよう

二〇〇三年十二月十五日、アメリカの対イラク戦争開始の一か月前、六大陸六十か国の四百三十都市で、約千二百万の人々が平和行進を行いました。これは歴史上、一日で達成された最大の抗議行動でした。その日、何という希望のしるしを私たちは見たことでしょう！ それでも、平和と正義を求める非暴力運動は端緒についたばかりだと思うのです。私たちは残る人生を、正義と平和を求める確かで創造的な非暴力行動に捧げなければなりません。私たちのだれもがすべてを成し遂げることができるわけではありません。けれども、だれもが何かしらのことはできます。私たちは社会変革を求める草の根運動に参加していかなければなりません。デモを行い、議員に働きかけ、世論を喚起し、平和について書き発言する。私たちには平穏を掻き乱し、武装放棄と正義を要求することができます。ある者は一線を越えて、戦争や核兵器、環境破壊、そして帝国主義アメリカを正当化する法を破る、非暴力市民的不服従の行動を起こすことができるでしょう。一人一人が必要とされています。ローザ・パークス[10]が示したように、私たち一人一人が一石を投じることができるのです。

キング牧師の生涯は、不正な帝国主義アメリカに対する非暴力的抵抗の一大行動となりました。私たちの人生もそのようになる必要があると思います。帝国主義アメリカに対する確固たる抵抗は、今日、道義的な要請です。そうです。私たちが全面的暴力と不正義の世界にあって、平和と正義の神への信仰に留まろうとするなら、それは霊的義務なのです。非暴力抵抗は単なる断続的な試みではありません。日ごとのわざなのです。

キング牧師は、その暗殺の直前、「貧民の行進」を企画していました。アメリカの貧しい人々のための正義を一致団結して要求することで首都を麻痺させ、ベトナム戦争を止めさせるためにペンタゴンを機能不全に陥らせようという大志ある計画でした。彼はこの国の方向を変える方略を示したために殺されました。銃撃される数時間前、彼は組織化され国際化された非暴力についてアシスタントたちに語っています。私たちは、彼が中断せざるをえなかったところから引き継がなければなりません。彼は私たちの国の不正義に反対し、そうすることで正義と平和の新しい世界が誕生するあり方を絶えず夢見ていました。私たちはその一貫したあり方を引き継がなければならないのです。

古きものの殻の中で新しい社会を建設する

帝国主義アメリカに抗するとき、私たちは次のような地域レベルの取り組みに参画するものです。すなわち、貧しい者に正義をもたらし、失業者に職を保証し、ホームレスに住宅を、飢えた者に食べ物を、病気の者に医療を、子どもたちに教育を、若者に積極的な活動を、すべての人々に清潔で安全で健康的な環境を提供することです。正義を求める働きに地域レベルで取り組むとき、私たちは地球規模で思考するようになります。一日一日を生きのびるために、食物や保健サービス、住居、教育、そして一人一人に対する人間としての尊厳の保証といった基本的ニーズを求めてたたかう、世界の何百万もの人々と連帯して働くのです。

ガンディーは、インドの民が独立を欲するのであれば、すでに自由であるように振る舞い始めなければならない、自分の人生や地域共同体に責任を持ち、貧困という地域の具体的問題に責任を負わなければならない、と主張しました。彼は、自分の国を変革するよりも、行く先に転がっている栄えある独立の日をただ待っているだけでいることを認めませんでした。だれもが今ここで始めることを要求したのです。

こうした建設的なプログラムのことを、ドロシー・デイは「古きものの殻の中で新しい社会を建設すること」と呼びました。今日、彼女のカトリック労働者運動は百五十もの「ホスピタリティの家」を運営しており、多くのホームレスの人々がシェルターの利用者という形ではなく家族として暮らしています。これらの人々は、食事や宿泊施設を提供されるだけでなく、愛に基づく親切と人生を再建させるための力を得ています。私たち一人一人がそれぞれの州や地方で、貧しい人々や権利を奪われている人々に積極的な変化がもたらされるような、地域レベルの取り組みに従事することができるのです。ポイントは、平和と正義を求める草の根レベルの取り組みと、世界を非暴力的に変革するグローバルな運動とを結びつけることです。今このときから、私たちは自分の人生のあらゆる側面と、世界の最も貧しい人々の生とを結び合わせて考えなければなりません。そして、平和と正義を求めるあらゆる取り組みを、全人類と創造されたものすべてのための非暴力という新しいビジョンに結びつけてとらえなければならないのです。

帝国主義アメリカを超えて、非暴力の新世界を構想する

キング牧師は暗殺されるちょうど一年前、次のように述べました。

「この時代の唯一の希望、それは、革命の精神を再び自らのものとし、貧困と人種差別主義と軍国主義に断固として抵抗しつつ、不正義がはびこるこの世界に立ち向かうわれわれの能力にかかっている。[11]」

彼が何度も語って有名となった「夢」には、人種の対等性と和解のみならず、非暴力というまったく新しい世界が含まれていました。彼のノーベル平和賞受賞スピーチがそのことを語っています。

「非暴力こそが、言い換えれば、暴力や抑圧に訴えることなしに暴力と抑圧に打ち勝つことこそが人間には不可欠であり、われわれの時代の政治と道徳のゆゆしき問題に対する答えなのだということである。……私は今日、……人類の未来を大胆に信頼してこの賞を受賞する。……人類は、きわめて悲劇的なことに人種主義や戦争という星なき闇夜に定められているので、平和と兄弟愛という輝かしい夜明けは決して現実のものとはなりえないという見解は、私には受け入れられない。国々が次から次へと軍国主義の螺旋階段を降りていって、核戦争による破壊という地獄へ進むに違いないという冷笑的な意見は、私には受け入れられない。武器を帯びない真理と無条件の愛が現実において決定的な結論を下すだろうと、私は信じている。……人々が至るところで自身の肉体のために日に三度の食事をとることができ、知性のために教育と文化を学ぶことができ、魂のために尊厳と平等と自由を得ることができることを、私は大胆に信じている。……いつか人類が神の祭壇の前でうやうやしく頭を下げ、戦争と流血に勝利して王冠を載せられ、贖罪の救いとなる非暴力の善意が国の規律をはっきりと示すだろうと、私は今もなお信じている。」(12)

平和というビジョン、戦争なき新しい世界、貧困なき、不正なき、核なき新しい世界を追い求めるためには、私たちはキング牧師の生涯とその革命的非暴力に教えを求めなければなりません。愛と共感を種播く人とならなければなりません。帝国主義アメリカに対する抵抗者、正義と平和の作り手、世界大の変革をもたらす夢追い人とならなければなりません。そうするためには、キング牧師が示したと同じだけの不動の信念をもって非暴力の旅へと出立しなければなりません。そして、大胆な行動、創造的な実験、明確なビジョンという、キング牧師と同じ精神をもって前進していかなければならないのです。もし私たちが彼の仕事を大胆にも引き継ぐのであれば、平和と正義の神は、人類の武装解除を進めるためにキング牧師を用いられたように、必ずや私たちを用いてくださるでしょう。

5 道徳的リーダーシップ──エリヤクリア、チャベス、ベリガン

世界の暴力や貧困、そして戦争の原因の一つに、道徳とリーダーシップの危機という問題があります。道徳の文化を追及する代わりに、私たちは不道徳文化に陥っています。武装解除と正義、そして平和に向けて導こうとするリーダーシップを有するのではなく、貧困と貪欲、そして永続的戦争の暗黒時代へとミスリードされ、後退させられています。

「不道徳文化」ということで私が意味するのは、二十億もの人々を飢えとホームレス、貧窮、病気、非識字、失業状態に追いやって放置する、構造的暴力という根本的な不道徳のことです。囚人たちを処刑し、外国の子どもたちを爆撃し、数千もの大量破壊兵器を保有するような文化は、深刻な不道徳性に陥っていると言わざるをえません。しかし今日、私たちはこうした恐るべき状態を普通で合法的で自然のこととみなしているのです。

かつて、マーティン・ルーサー・キングJr.はこう記しました。

「道徳的原理もはっきりとした色合いを失ってしまう。現代人にとっては、絶対的に正しい

ことと間違っていることは、大多数の人々がやっているか否かの問題である。正しいか間違っているかは、ある特定の共同体の好き嫌い、および慣習に関連している。つまりわれわれは無意識的にアインシュタインの相対性理論――それは物理的宇宙を適切に叙述したものであるが――を、道徳的および倫理的領域に適用しているのである。」[13]

道徳的リーダーシップには、人間家族全体のための平和と正義というビジョンが要求されます。このビジョンは、私たち自身とすべての人々が世界規模の平和と正義の利益を享受するために、国の境界を超えていきます。ビジョンを抱く指導者は、そのビジョンを高く掲げ、今ここで平和を実現するために、その道を見通して指し示すものです。もし私たちが正真正銘の道徳的リーダーを有しているのであれば、だれもが大いなるわざ――飢えや貧困、ホームレス、死刑制度、戦争、核兵器を廃絶するわざ――に連なるよう励ましを受けることでしょう。励ましを受けて、平和の霊は聖なる感化として広がり、正義は「洪水のように流れる」ことでしょう。

暴力という不道徳的な文化はリーダーシップの欠如がもたらした必然的帰結です。真理、愛、正義と平和、それら崇高な原理に細心の注意を払う正真正銘の指導者は、民衆を戦争に駆り立てたり、貧しい者を抑圧したり、核兵器を保有し続けたりはしません。そうした指導者は自らの民と他の民の命を脅かすことはしません。環境を破壊するような政策を採ることもしません。今日、戦争の文化がメディアや企業の億万長者の支援を得ながら、その操り人形である政治家の糸を引いて、石油産業や兵器産業のために莫大な利益を刈り取っています。「偽の指導者」が崇高な原理を追及することは決してありません。この人々は真理とか愛とか正義とか平和とかいったビジョンを持ち合わせていないのです。そうした世界を文字どおり想像することができず、そうした世界を望むことは決してないのです。スポンサー企業のために数十億ドルもの金を掻き集めることに喜々として、苦しみの中にある人類には背を向けて、不道徳性を保持しているのです。

歴史上の偉大で道徳的なリーダーは、アッシジのフランシスコ、シエナのカタリナ、ロヨラのイグナティウスのような預言者や聖人でした。前世紀は戦争や戦後の混乱によって一億人以上の死者を出しましたが、諸国と世界全体に軍縮や変革をもたらす草の根の運動をはじけさせた、素晴らしい道徳的リーダーが両手にあふれるほど現れました。(14)マハトマ・ガンディー、ドロシー・デイ、マーティン・ルーサー・キングJr.、ジェーン・アダムズ、ティク・ナット・ハン、ファニー・ルー・ヘイマー、(15)ヨハネ23世、オスカル・ロメロ大司教、マザー・テレサ、ネルソン・マンデラ、バーツラフ・ハベルなどの先見者たちです。道徳性や平和、正義に根ざした指導者を求めるならば、私たちは過去の偉大な指導者たちから学び、その人たちの先見性や働きを見習う必要があるでしょう。

私は二十五年にわたってアメリカ合衆国を巡りながら、さまざまな草の根グループと共に、武装解除や正義と平和を求める活動をなしてきました。こうした働きは私をスープ・キッチンやホームレスのためのシェルター、死刑囚の監房、都市中心部の共同体へと連れていきました。また、何百という反戦・反核デモへと、そして数十にのぼる非暴力による市民的不服従行動へと導きました。私は数多くの政治家に対するロビー活動を行い、数知れないほどの記者会見を開き、平和のための座り込みを行い、七十回以上も逮捕されました。私の取り組みは概して、メディアや政府、そして教会からは無視されました。だからと言って、そのことが私にストップをかけることはありませんでした。ずいぶん前に気づいたのですが、人はそれが善いことだから善いわざをするのであり、結果は神にゆだねればよいのです。

こうした働きにおいて与えられた祝福の一つは、この時代の偉大な道徳的指導者たちと知り合えたことです。そのうちの三人について省察を加えたいと思います。イグナシオ・エリヤクリア、シーザー・チャベス、フィリップ・ベリガンです。

イグナシオ・エリヤクリア　正義の殉教者

一九八五年の夏、私は貧しく戦争によってぼろぼろにされた中央アメリカの国エルサルバドルで暮らしました。一九八〇年代、アメリカ合衆国は獰猛な軍事政権に資金を提供し、オスカル・ロメロ大司教、教会から派遣されていた四人のアメリカ人女性、そして数百人の教会のワーカーを含む八千人をも殺害した死の部隊を支援していました。正義と非暴力を求める運動の中核は、サンサルバドルにあるイエズス会立の大学に所属する司祭たちでした。その大学の学長は、よく知られた哲学者であり神学者であったイグナシオ・エリャクリアでした。私が訪問した年に先立つ七年間、エリャクリアと彼の共同体のイエズス会士たちは毎週十数回の脅迫を受け、自宅に二十一回もの爆弾を投げ込まれ、繰り返し銃撃を受けていました。エリャクリアと仲間たちが、ロメロ大司教と同じく、エルサルバドルをアメリカの植民地的傀儡国家としようとする不正義に反対して声を上げたからです。

大学付きのイエズス会士たちは、戦闘地域にある教会が運営する避難民のためのキャンプに私を送りました。私の仕事は、死の部隊が現れたときに立ち去るよう願い出ることでした。

それは密度の濃い、恐ろしい、そして恵みに満ちた日々でした。私は愛する者を失った数百もの人たちと出会いました。その人々は絶望とたたかいの最中にあって、信仰、希望、愛の意味を私に教えてくれました。けれども、その夏出会った中で最も影響を与えたのはエリャクリアその人でした。彼と会うことは、エゼキエルやエレミヤと会っているようなものでした。彼は、すべての預言者がそうであるように、掻き立て揺さぶる人でした。

私たち若いイエズス会士五人がこの偉大な人物と面会したときのことです。彼は私たちと握手をして座り、語り始めました。「エルサルバドルにイエズス会の大学が存在する目的は、国の現状を変革し、神の統治を推し進めるためです。」私は驚きました。私がほとんど経験することのないような真の勇気を眼前に体験していたからです。彼は続けました。「しかし、エルサルバドルで神の統治を推し進めようとするなら、反・統治に反対しなければならないことを私たちは学びました。」換言するならば、平和と正義のためにあろうとするなら、戦争と不正義に対して公然と立ち上がらなければならない、と彼は言ったのです。善いわざをなそうとするなら、構造的な悪に対して公然と立ち上がらなければならない。道徳に満ちた文化を築こうとするなら、不道徳の文化に対して公然と声を上げなければならない。そして、彼はこう締めくくりました。「私たちは、アメリカによる軍事援助、アメリカによる爆撃、軍事政権、さまざまな形態の死の部隊、暴動という暴力、私たちの民を殺す貧困、飢餓、疾病、失業という暴力に反対しているのです。私たちはすべての立場の暴力に反対しています。そして、だれもが私たちを殺そうとしています。」

彼がトラブルの中にあることは間違いありませんでした。エリャクリアは、戦争と不正義について至る所で政府を批判していました。ロメロ大司教と同じように、彼は苦しみの中にあるエルサルバドル民衆を代表して自らの命を危険にさらしたのです。彼は、平和のために公然と立つことの帰結が何かを知っていました。彼とイエズス会の共同体が食事に誘ってくれたとき、私たちは部屋のあちこちに空いている弾丸の穴を見、幾度も爆弾攻撃を受けたことを聞きました。それでも、彼らは戦争という不道徳のただ中にあって、黙っているつもりはありませんでした。そして、そこから立ち去るつもりもありませんでした。

その数年後の一九八九年十一月十六日、エリャクリアと五人のイエズス会士は午前一時に叩き起こされました。建物の外に引きずり出され、地面に這いつくばらされました。そして、至近距離から頭部を撃たれました。生き残ったイエズス会士が語ってくれたところによると、全ラテン・アメリカにメッセージを発するために、彼らの脳は取り出され、死体の横に置かれたそうです。もし正義や平和について「考える」ならば、こういう目にあうのだ、というメッセージです。二十六人の兵士が私の兄弟であるイエズス会士の殺害に関わりました。そのうちの十九人が、ジョージア州にあるテロリストの訓練場「スクール・オブ・アメリカズ」で訓練を受けていました。

エリャクリアは道徳的リーダーシップを体現しています。彼は大胆で恐れを知らず、正義と平和という真理に殉じました。だからこそ彼は、新しいエルサルバドル、あるいはラテン・アメリカ諸国のための新しい世界秩序について語っただけではなく「神の国」について、全人類のための非暴力という神の国の到来について語ったのです。

エリャクリアと出会って以来、私の人生は同じものではなくなりました。真の道徳的リーダーシップと出会ったからには、中立であったり黙ったままでいたりすることはできません。道徳的リーダーシップとは、自分がどうなるかにかかわらず戦争と不正義に対して否を言うことである、とエリヤクリアは教えてくれました。私たちが公共善をなそうとするのであれば、構造的悪を廃さなければならないことを示してくれました。たとえ政治家や軍人たち、教会官僚たちが戦争や不正義を支持していたとしても、平和と正義は神の意思であることを語るという意味で、彼は預言者的リーダーシップの新しいモデルです。エリヤクリアは平和のために公然とたたかうよう私たちを押し出します。それこそ道徳的リーダーがなすべきことです。彼は、他の者が道徳的リーダーとなるよう励まし続けています。

シーザー・チャベス　非暴力の使徒

シーザー・チャベスは「ユナイテッド・ファーム・ワーカーズ」の創設者ですが、それ以上に労働者のオーガナイザーでした。彼は貧しい人々と日雇い労働者を代表して、断食し、祈り、デモをなし、ピケを張り、ボイコット運動を行いました。大変興味深いことに、彼は、マハトマ・ガンディーとマーティン・ルーサー・キングJr.の伝統にのっとって厳格に非暴力を貫きました。彼は、非暴力の世界的標識灯の一人となりました。

シーザー・チャベスは、一九二七年三月三十一日、農場労働者の家庭に生まれました。父親が農地を失ったため、一家はアリゾナからカリフォルニアの南西部に移り、季節農場労働者となりました。一九五〇年代には、労働者の権利についてのカトリック教会の社会教説を学び、共同体オーガナイザーとなりました。一九六二年にドローレス・ウェルタと共に「ナショナル・ファーム・ワーカーズ・アソシエーション（ＵＦＷ）」を結成。一九六五年にはぶどう生産業者に対する五年間のボイコット運動を開始して、ＵＦＷに数百万もの支持者を集めました。一九六八年、チャベスは二十五日間のハンガー・ストライキを敢行し、ＵＦＷを非暴力運動として確立させました。彼はこう述べています。「われわれにとって、非暴力はアカデミックな理論以上のものである。それはわれわれの運動の、まさしく生命線である。」

この有名となったハンストの終了時に、彼は正義を求める非暴力闘争を起こすよう一人一人に呼びかけました。「私が確信するに、勇気ある真の行動、人間の最も強い行動は、正義を求める完全に非暴力のたたかいにおいて、他者のために自らを捧げることである。」また、こうも言っています。「人間であるとは、他者のために苦しむことである。神がわれわれを人間であるよう助け給う。」[16] 一九七〇年代にはチャベスはアメリカ史上、最大かつ最も成功した農民ストライキを指導し、ぶどうやレタス、ガロ・ワインのボイコットを呼びかけ、千七百万人を超えるアメリカ人の支持を得ました。

ほどなくして、ＵＦＷは事務所をカリフォルニア州キーンに移し、その敷地は「La Paz（スペイン語で平和）」と名づけられました。チャベスは、自発的な貧しさを唱道して、年五千ドル以上の収入を得ることはありませんでした。一九八四年、再びぶどうのボイコットを呼びかけました。農場労働者とその子どもたちを殺した、発がん性を有する殺虫剤に抗議したのです。一九八八年七月、チャベスが三十六日間のハンストを「それよりも多くをなしうる、あるいは多くのなすべきことを知っている者たちの悔い改めの行為」として敢行したとき、ボイコットは全国的な認知を得ました。

私は一九八〇年代の後半、カリフォルニア州オークランドにあるセーフウェイ[17]の本社事務所前で行われたラリーに参加した際、チャベスに会いました。彼はぎっしりと集まった聴衆を掻き立てる演説を行いました。セーフウェイとそのぶどうをボイコットするよう呼びかけ、私たちに火をつけ、組織化しました。その日私たちはサンフランシスコを個別訪問しながら回り、人々にぶどうをボイコットするよう訴え、農場労働者の家族にとって殺虫剤がいかに危険であるかを語りかけ、訴えました。夕方、私たちは集まって、チャベスとのひと時を持ちました。彼の楽天主義と情熱が伝わり、からだの中に入ってきました。

一九九三年四月二十二日にアリゾナで訪れた彼の予期せぬ死の日まで、私は何度か会う機会がありました。彼はいつも熱意をもって、ボイコットについて、正義の探求について、他の人々がたたかいに加わることの必要性について語ってくれました。ボイコットが成功して、がんを引き起こす殺虫剤が使われることのない日が必ず来ると確信していました。

亡くなるほんの数か月前、カトリックの平和雑誌のために彼をインタビューしました。彼はこう語ってくれました。

「私は常に希望に満ちあふれている。世界中のすべての人を関わらせることができないことはわきまえている。関わることができるのはほんの少しの人々だけだ。その人たちがいる。だから、取り組みは、人々を新しく関わらせるために転向させたり、得たりするといったことではない。関わっている人々はすでに存在しているのだ。われわれはただ、その人たちを見つければよい。それは難しい。それでも、言葉を発し、コミュニケーションをはかり、その人たちができる行動を示すのだ。一緒になって大きなインパクトを与えることができるのだ。」

「われわれには非暴力について書いたり、説教したりしないというルールがある。」彼は続けました。

「私は非暴力について一言たりとも書いたことがない。非暴力について書いているあなたのような人がいるではないか。われわれにはそのことについて書く必要はない。解釈したり分析したりする必要はない。単純なことだ。ただ実践あるのみ。非暴力は単なるレトリックを超えて、先に進んでいかなければならない。あなたが自室でロザリオの祈りを捧げているのなら、非暴力であるためには何の工夫も必要ない。だれもがそのようにできるだろう。けれども、暴力に直面していたらどうだろう。非暴力でいられるだろうか。非暴力が非暴力となるのは、まさにそのようなところにおいてなのだ。」

「たたかいの初期には、私は非暴力について語りすぎたかもしれない。われわれは、多くの人々に聖人のように手を組んだ姿勢で走り回らせた。天使のように見えたものだ。それで私はこう言ったんだ。『ちがう。ちがう。非暴力であるためには、何か別の世界にいるかのように振る舞う必要はない。そういう考え方じゃないんだ。自分らしくあれ。そして行動せよ。ただ、決して暴力は用いるな』と。非暴力とは受け身であることではない。それは実際の行動を要求する。何かを変えようと望むなら、話したり書いたり立案したりする段階を超えて、実際の行動を起こさなければならない。君が実際に人々と対決するなら――われわれの場合だったら、ぶどう産業だったわけだが――物事は変わるんだ。だから、正義と平和のための公然たる行動（パブリック・アクション）に集中することはきわめて重要なんだ。行動がなければ変化は来ない。行動と共に変化が起こる。私の勧めはこれだ。正義と平和のためのパブリック・アクションに身を投じなさい。」

対話の最後に、彼が達成したことについて尋ねました。今思うと、彼の答えはむしろ、どのように関わるかについてでした。

「奉仕として関わることと、しもべとして関わることには違いがある。君が奉仕として関わるのであれば、君は自分の都合にあわせて奉仕するだろう。『今日の五時か日曜日ならできると思います。いや、たぶん来週には』とか。けれども、しもべとして関わるのなら、君は人の都合に合わせなければならない。四六時中、その人たちに仕えるわけだ。君はその人たちに仕えるために存在している。それが信念というものであり、コミットするということだ。」

シーザー・チャベスは行動的非暴力のモデルであり、貧しい人々の代弁者、無私の奉仕、道徳的リーダーシップのモデルと言えるでしょう。彼は、貧しい人々のための正義という新しい文化を指し示しているばかりでなく、人間としていかにあるべきかを示しています。彼の生涯とその情熱は私を鼓舞し続けています。

フィリップ・ベリガン　核兵器廃絶の預言者

フィリップ・ベリガンは後半生を反戦と反核の声を上げることに捧げました。「ボルティモアの四人」と「ケイトンズビルの九人」(18)の一員として、ベトナム戦争に反対する運動を導き、一九六〇年代後半から七〇年代前半にかけて、牢獄の中で何年も過ごしました。一九七三年には、妻エリザベス・マクアリスターと共に、メリーランド州ボルティモアに非暴力抵抗の共同体「ヨナ・ハウス」を設立しました。一九八〇年には、兄のダニエルそして「プラウシェア（鋤）・エイト」と共に、ペンシルバニアの核兵器工場に入り込み、充填されていないマーク12A型核弾頭を「剣を打ち直して鋤とする」ために、ハンマーで叩きました。二〇〇二年十二月六日の死の日まで、フィリップ・ベリガンは反戦および反核デモのゆえに十一年以上も牢獄の柵の向こう側で過ごしました。彼は預言者的道徳的リーダーシップを体現しています。

私がフィリップ・ベリガンに初めて会ったのは一九八二年のことでした。私は東海岸と西海岸で行われた一連のデモンストレーションのときに、彼と共に逮捕されました。一九九三年十二月七日、フィリップとブルース・フリードリク、リン・フレドリクソン、そして私はノース・カロライナ州ゴールドボロ近郊のセイモア・ジョンソン空軍基地の中に、歩いて入っていきました。非合法です。私たちはそこで核兵器搭載可能なF15爆撃機をハンマーで叩きました。そのために郡刑務所の狭い監房の中で八か月一緒に過ごしました。この長期間にわたる監獄生活において、フィルは祈り、書き、彼が「核廃絶という道徳的戒命」と呼ぶことについて思索を深めました。彼は、私がこれまで一度も目撃したことがないような、核兵器反対の一途な関わり方を示してくれました。だれもが核の脅威を無視して、愛国主義と戦争の潮に流され、地球大の破壊という導水管を下っているとき、道徳的リーダーシップを体現したのです。

一九九二年に、ある平和雑誌のためにインタビューしたときに、彼はこう語ってくれました。

「原爆（the Bomb）は他のあらゆる問題を不要にしてしまう。原爆の存在とわれわれが共犯関係にあるという事実――われわれがその費用を支払う以上に、その展開や使用の可能性を許容していること。過去四十七年間にわたる冷戦の間、少なくとも二十五回は核の一方的使用を振りかざして相手を脅したこと――が霊的、道徳的、心理的、感情的、人間的にわれわれを破壊している。われわれの原爆との共犯関係は、われわれが原爆より軽度な社会問題、政治問題を扱うことを不可能にしている。実は、それらは原爆に対するわれわれの信奉から派生した予期せぬ副産物であるのだが。」

彼は続けました。

「今日最も現実的な、ただ一つの回心は、原爆の責任を認めることである。この回心は人生の方向を変えさせる。その結果、人はこの非人間的かつ邪悪な精神状態に対して反対証言ができるだけの自由を得るのだ。われわれ全員が原爆の責任を負わなければならない。この回心と責任は、いのちを与え、人を救済するあらゆる利益を生み出し、正義あふれる社会秩序を創出するのである。」

「一寸の隙なく武装しないかぎり、スーパーパワーの地位は保持できない。だからこそ、アメリカ合衆国は兵器開発やスターウォーズ計画、永続的な戦争経済を続けるのだ。別のことをしていては、現状を変え、富を再分配することになってしまう。この国の三十七パーセントの生産を支配する百分の一か二の人々、そしてその代表、大統領やワシントンにいる公職テロリストたちこそ、最後までそのことをなそうとする連中なのだ。われわれは、戦争を起こそうとするこれらの業界に抵抗しなければならない。われわれは貧しい人々に仕えるよう招かれている。国家に抵抗するよう招かれている。無視され、追放されるよう、行動したことによって投獄されるよう招かれている。」

「今日、われわれは間違いなく原爆の人質となっている。何年も合法的に人質となっている。核戦争が勃発すれば、核は合法だ。われわれは合法的に殺されることになる。それが法解釈であり法理なのだ。けれども、われわれは信じるかぎり希望を持ち続けることができる。信仰を持つとは、世界をあきらめないということだ。われわれは神の国の一部を共に形成している。姉妹、兄弟として共に生きている。そのことを信じて、戦争に抗して生きるとき、われわれは希望を作り出すのである。」

そして、フィルはこう結論づけました。

「核兵器の削減こそ、最優先とされなければならない。平和創造こそ、われわれの最優先事項でなければならない。平和創造とは、福音の中心的性質であるばかりではない。平和創造は今日、この世界最大のニーズなのである。われわれは神の娘たち息子たちである。つまり、われわれは平和を作り出す者として呼ばれているのだ。」

フィリップ・ベリガンはこの国の希望の光であり、われわれの時代の最も不人気で、最も重要な真理の語り部です。その真理とは、核兵器を廃して戦争をなくさないなら、私たちは破滅するであろうということです。彼は道徳的リーダーであるばかりではありません。戦争の文化の中に平和の神から遣わされた聖なる預言者でした。すべての預言者と同じく、真理を語ったがゆえに嫌がらせと投獄に苦しみました。けれども、彼の道徳的リーダーシップは偉大な賜物でした。彼は、核というおかしくなった状態から逃れる道と核兵器のない世界という希望を与えてくれました。フィルなら、私たち一人一人が草の根の核廃絶運動に参加するよう求めることでしょう。そうしなければ、私たちの中立的態度は結局、世界が今まで知ることがなかったような巨大な不道徳との共犯関係になってしまうでしょう。

フィリップ・ベリガンは私の人生の大いなるインスピレーションの一つでした。たとえそれが不人気につながるとしても、私の身の回りのだれもが沈黙を守ったとしても、戦争と核兵器に抗して発言するよう、彼は私に要求しています。もし私が核軍縮の声になることができ、いつの日か核兵器を廃絶させるために貢献できたとすれば、それはフィリップ・ベリガンのおかげです。

私たち全員が道徳的リーダーとなることができる

暴力と戦争の文化の中にあって、真に道徳的なリーダーシップは私たちを力づけて、飢えている人に食物を与え、ホームレスに住居を提供し、すべての子どもたちを教育し、仕事のない人を雇用し、すべての人に行き渡る保険制度を立て、戦争を廃絶し、紛争を非暴力的に解決するよう協力し、兵器庫を解体させることへ私たちを導きます。私たちがすべての人々と共に平和に生きることができるように。道徳的リーダーとは、私たちがより道徳的となるよう導くのです。

歴史上の偉大な道徳的人物は、普通の人として人生を開始し、崇高な目的を追及する中で非凡な機会を得たのでした。イグナシオ・エリャクリア、シーザー・チャベス、フィリップ・ベリガンは道徳的リーダーシップの三つの事例です。彼らは平和の夢追い人、正義のチャンピオン、非暴力の使徒でありました。私たち一人一人が彼らの遺産を引き継いで、正義、非武装、平和という崇高な目的を追い求めていかなければなりません。暴力を拒否して行動的非暴力の道を行くよう一人一人が招かれています。私たち一人一人は道徳的リーダーとなることができるのです。そうすることで、私たちの不道徳の文化を道徳の文化へと変革させることができるのです。

6 ノーベル平和賞の受賞者たち

「貧困と不正義という状況が続くかぎり、われわれがテロとのたたかいに勝つことはないだろう。」デズモンド・ツツ大主教が語りかけました。

「貧困がテロリズムを養っている。したがって、われわれは数百億ドルもの大金を武器に費やすことをやめ、その代わりに世界の飢えた人々に食べ物を提供しなければならない。そうすれば、テロリズムを止めることができるだろう。平和に暮らしたいと思うのなら、われわれは皆、同じ家族の一員であることを認めなければならない。」

ツツ大主教は、デンバーで開催されたピースジャム（PeaceJam）の設立十周年記念大会において、三千人の青年たちに語りかけたノーベル平和賞受賞者（一九八四年受賞）十人のうちの一人でした。ピースジャムは世界中の若者たちをノーベル平和賞の受賞者——今回は十人でしたが——と出会う機会を提供する、北米では最大の国際プログラムです。行動的な若きカップル、ドーン・エングルとアイバン・スバンジエフによって創設されたピースジャムは、この国で最もエキサイティングで励ましを与えるユース・プログラムです。

このイベントに参加しようと私を誘ってくれたのは、友人のマイレッド・マグワイアでした。彼女はベルファスト出身の平和賞受賞者（一九七六年受賞）で、私は彼女の *The Vision of Peace* の編集を担当したことがありました。一九九九年には彼女と私は、友人であり同じく平和賞の受賞者であるアルゼンチンのアドルフォ・ペレス・エスキベル（一九八〇年受賞）と共にイラクを旅しました。また、南アフリカ出身のツツ大主教は、私の *Transfiguration*（変容）に前書きを寄せてくれました。

こうした私のヒーローたちと再会すると同時に、東ティモールの大統領ジョゼ・ラモス＝ホルタ（一九九六年受賞）、コスタリカのオスカル・アリアス大統領（一九八七年受賞）、地雷禁止国際キャンペーンのジョディ・ウィリアムズ（一九九七年受賞）、イランのシーリーン・エバーディー（二〇〇三年受賞）、グアテマラのリゴベルタ・メンチュウ・トゥム（一九九二年受賞）、北アイルランドのベティ・ウィリアムズ（一九七六年受賞）と会うことができました。また、週末のひととき、ダライ・ラマ14世（一九八九年受賞）の祝福に浴することもできました。大会は、貧困や人種差別、環境破壊、戦争、核兵器とたたかう誓い、「世界の青年と共に世界に訴える」をもって閉じられました。

何という素晴らしい日だったでしょう。週末のプログラムが終了した後、私はマイレッドを車に乗せてニューメキシコまで行きました。彼女は、いくつかの教会でスピーチを行い、メディアの取材を受け、ロスアラモスにも出かけました。

世界中から集った青年たちと出会うことは喜ばしいことでした。ツツ大主教が祝祷する前には、感動したことを一言述べるために、マイクロフォンのところに数百人が列を作りました。ある十五歳がこう発言しました。「流れに抗して立ち上がり、平和を叫んだ一人一人、みんなに感動した。流されるのは死んだ魚だけだよね。」

私はと言えば、やはりノーベル平和賞受賞者のメッセージに動かされました。

マイレッドは繰り返して、出席した数千人に訴えました。

「戦争では解決になりません。核兵器では解決しません。正しい戦争といったものを私は信じません。イラクに対する戦争はまったく非倫理的で完全に不法でまったく必要のないものです。ですから、私たちは戦争に否、核兵器にノーと言わなければなりません。非暴力の道を学ばなければなりません。」

イランの勇気ある判事シーリーン・エバーディーは語りました。

「核兵器を保有する国はただちにそれらを解体すべきです。たとえば、九・一一以降、アメリカ合衆国がアフガニスタンに犠牲者一人一人を記念して犠牲者と同じ数の学校を建てたらいいのに、と私は願っています。」

ジョゼ・ラモスは語ります。

「私は核兵器が激増することを案じています。また、ある日目覚めるとワシントンD．C．やロンドンが非国家的テロリストによる生物兵器攻撃で壊滅することを恐れるものです。」

そして、ジョディ・ウィリアムズは問いかけました。

「戦争と暴力はイラクで何をしたか？　イラクをテロリストの訓練場にしただけではないか。樽いっぱいに詰まった銃では、変化をもたらすことはできない。核兵器の世界を武装解除させたいと本気で望むのであれば、私たちはまず自分たちの足もとから始めなければならない。」

彼女は続けました。

「平和のために働くということは、本当に大変なことだ。平和を作るとは、毎日起きて世界平和のために懸命に働くということだ。それは、鳩や見栄えのいい絵やできの悪い詩のことではない。ハードワークだ。そして、それだけが世界をよくする唯一の道なのだ。平和とは経済的、社会的正義を意味する。私たちはそのために懸命に働かなければならない。」

オスカル・アリアスはこう指摘しました。

「アメリカ合衆国は軍事費に毎年、五千億ドル以上を費やしていますが、そのうちの一片すら世界の貧しい人々のための食事や医療、教育に割こうとはしません。本当の安全保障とは、何よりも飢えや病気、貧困に立ち向かうことなのです。」

リゴベルタ・メンチュウは核心を突いた発言をしました。

「世界から戦争がなくなれば、アメリカ合衆国の経済が繁栄することはなくなるでしょう。ということは、世界の貧しい人々が豊かにならなければならないのであれば、合衆国の繁栄はこれ以上あってはならないということになります。」

「世界平和は私たち一人一人の内的武装解除から始まります。」ダライ・ラマ14世は説きました。

「私たちは自身の宗教的伝統と内的生活を真剣に受け止める必要があります。そして、平和のいのちについて若い人たちと未来の世代を教育しなければなりません。また、私たち六十億すべての民がひとつであることを認識しなければならないのです。」

「アルゼンチンの軍事政権によって拷問を受けていたとき」とアドルフォ・ペレス・エスキベルは語りかけました。

「入れられた監房の天井に、血で書かれた言葉があるのに気づきました。『神は殺さない』とありました。私たちはその教えに学ぶべきです。そして、死と破壊の力に抗し、いのちとすべての人間のための尊厳を求めてたたかわなければなりません。この務めに集中するなら、私たちは平和を建設することができます。」

ベティ・ウィリアムズは率直に語りました。

「あなたがたが世界の中にある間違ったことを変えようとしないのなら、あなたがたは問題を構成しているその一部だということになります。私たち一人一人には人類を気遣う責任があるのです。」

再び、シーリーン・エバーディーです。

「あなたが自分の理想を信じるのであれば、もう一歩前進する力を見いだし、変化をもたらすことができるでしょう。いつの日か、神は私たちに問うでしょう。人生において何をなしたか、どのように人類に奉仕したか、を。ですから、私たちはぐずぐずせず、その務めを果たさなければなりません。」

ツツ大主教が、数千人を前にした講演を次のように結びました。

「爆弾に代えて、君たちの寛大さを輸出するというのはどうだろう。君たちは世界の未来だ。われわれ、世界を滅茶苦茶にしてきた古い世代の者のように冷笑的になるな。世界は痛んでいる。行け、そして癒せ！」

「私たちには新しい、非暴力的で人を殺さない世界が必要です。そうした世界は可能なのでしょうか？　ええ、もちろん可能です。」マイレッド・マグワイアが言いました。「けれども、そのためには働かなければなりません。さあ、立って働きましょう。」

こぞって立ち上がり、胸を張って進んでいきましょう。

7　ヘンリ・ナウエンの平和の霊性

　ヘンリ・ナウエンは一九九六年に亡くなりましたが、今もなお最もよく読まれている霊的生活について書いた著述家です。遍歴を重ねた生涯とともに、『いま、ここに生きる――生活の中の霊性』『愛されている者の生活――世俗社会に生きる友のために』『放蕩息子の帰郷』といった著作を生み出しました。これらを読む者は、ここには内的生活の厳格な思索者がいると感じることでしょう。あるいは、自分と神との人格的関係を導いてくれるガイドの姿を見ることでしょう。しかし、ナウエンの思索はこうした狭い水路をはるかに超えています。彼の霊性の全領域について認識している者は、とても少ないのです。

　けれども、手がかりを一つも残さなかったというわけではありません。一つには特権的地位から去ったということがあげられます。ナウエンはそのキャリアにおいて幸先の良いスタートを切りました。ノートルダム大学での、そしてイェール大学とハーバード大学での神学教授職です。けれども、彼には誠実さがあり、それが彼を悩ませました。福音は私たちを貧しい人々との連帯に向かわせる「下降志向（downward mobility）」へと招いていることを、彼は知っていました。

そこで終身教授職としての走路を外れ、しばしの間、別の道を探求するときを持ちました。

彼はゲッセマネ修道院で修道士たちと過ごし、そしてペルーに赴いて、バリオ[19]に住みました。最終的にはトロントにあるラルシュ・デイブレイク共同体に居を定め、重い障がいを持っていたアダムのケアを行いました。ナウエンは平和に関するブックレットやその死後出版された『アダム』の中で、平和を作り出すアダムの働きについて述べています。また、アダムがどのように彼を癒したのか、彼にまとわりついていたあらゆるものをどのように癒したのかを記しています。この大転換において、ナウエンはキリストの学徒となり弟子となりました。

ヘンリ・ナウエンは平和の道を歩み、非暴力の美しき霊性を発展させた、と私は考えています。二〇〇五年に、非暴力の務めについてまとめた *Peacework* がようやく出版されました。その中で彼は、私たちすべての者にとって平和の道とは何かを描述しています。ナウエンは私たちに、祈りのうちに時間を過ごすように、イエスと共に歩むように、そして地上にあっては自分の姉妹や兄弟のように互いに愛し合うように求めています。ナウエンはこう書いています。「イエスにとって、征服されるべき国などない。強いられるべき思想、支配されるべき民などない。存在するのは、愛されるべき子どもたち、女たち、男たちだけなのだ」と。

ヘンリと私は一九八〇年代に文通を始めました。それは彼が認《したた》めた数千もの手紙の中のごく一部でした。やがて私たちは友人となりました。一九九三年、私はセイモア・ジョンソン空軍基地に歩いて入り、核弾頭搭載可能なF‐15戦闘機をハンマーで叩き、預言者イザヤが助言したように剣を打ち直して鋤としました。その結果、ノース・カロライナ郡刑務所に着地し、八か月収監されました。ヘンリは長い応援の手紙を書き、原稿や書物や贈り物を送ってくれました。

ヘンリの支援にどれだけ感激したか。彼は私の魂を励まし勇気づけ、確信を持ち続けるようにしてくれました。彼の支援は、他の教会の働き手や神学者の間で引き起こされた、「鋤行動」に対する厳しい対応とは著しい対照を示していました。その中で最も感動的であったのは、ラルシュでの彼の働きと私の平和のための行動を結びつけたいと語ってくれたことです。

このことは記しておかなければなりません。ヘンリは平和の働きの作品を彼自身のやり方で建てました。彼の平和の道は、通常とは異なる勇気ある歩みによって特徴づけられ、人を鼓舞するような旅路でした。一九六〇年代、キング牧師のセルマからモンゴメリーに至る行進に参加するため、夜を徹して運転しました。一九七〇年代、彼は反戦集会で演説し、コネチカット州のトライデント型原子力潜水艦基地における平和のための座り込みに連なりました。そのときは、一週間にわたって抗議者たちに礼拝を提供し、抵抗の霊的源泉について説いてくれました。

数十年を経ても、スピードを落とすことはありませんでした。一九八〇年代、彼は数百人のアメリカ市民と共にニカラグア国境に集い、[20]レーガンのコントラ戦争に抗議しました。グアテマラに旅して、殉教者であるスタンリー・ロザー神父の後継司祭を支援しました。その後合衆国を巡り、「中央アメリカの十字架に付けられたわれらが姉妹たち兄弟たちへの連帯」を呼びかけました。

ベリガン兄弟が投獄されたときは訪ねていきました。彼はネバダ州の深くまで旅して、フランシスコ会士が行った核実験場での座り込みに参加しました。その後、最初の湾岸戦争の前夜に、ワシントンD.C.に現れて、集った一万人を前に戦争を公然と非難しました。

「平和を作り出す者として、私たちは戦争と破壊のあらゆる諸力に抵抗しなければならない。そして、平和はいのちを肯定するすべての人々に与えられた神の賜物であることを宣べ伝えなければならない。抵抗とは、あらゆる死の力に対して、それがどこにあろうとも、否を言い渡すことである。」

ヘンリは語ります。

「否を言い渡すことは、キリスト者に与えられている厳粛な召命である。互いに愛し合いなさいとのイエスの戒命がパートタイムの義務ではないのとまったく同様に、平和を作り出せとのイエスの招きは、無条件、無制限、妥協を許さないものである。だれも言い訳をすることはできない。平和を作り出すことは、神の民すべてを包含するフルタイムの召命である。」

ヘンリは幅広い知性を持ち、さまざまな角度から平和について書きました。まず、平和の建設は祈りから始まると言っています。

「祈りはあらゆる平和創造の始まりであり、終わりである。源泉であり実りである。中心であり内容物である。基盤であり目標である。」

私たちは祈るとき、平和の神、すなわち私たちの心を武装解除して、私たちに平和という賜物をくださる方の現臨の中に入るのだ、と彼は教えています。

このことは、政治的平和建設がどこから始まるかを示しています。世界は、核兵器や猛威を振るう貧困、戦争といった重荷の下であえいでいます。それらは私たちを怒らせ、圧倒し、間違った方向へと差し向けます。さらに大きな理由をヘンリは教えました。黙想的な平和に私たちの生を根づかせることです。そのところで神は私たちを変革し、世界を非武装化させるために私たちを配置してくださいます。祈りにおいて、私たちは敵でさえも愛することを学ぶのです。

続いて、平和の建設はイエスと共に始まりイエスと共に終わる、と彼は言います。イエスは平和を体現しておられ、平和を作り出し、平和を分かち、そして平和を作り出す人を祝福されます。ですから、私たちは彼のようにならなくてはなりません。――すなわち、平和を体現し、平和を作り出し、平和を分かち合う私たちとならなくてはなりません。ヘンリは勧めます。「平和の君に目を留めなさい。」イエスに焦点を合わせ、祈りの中でイエスを知り、福音書からイエスの生涯を学ぶことによって、私たちはそのことをなしうる、と述べています。そのところから、イエスが始められた愛のわざを継続させるという喜ばしい使命が開かれていくのです。

このように、ヘンリの霊性は個人的な事柄とはかけ離れたものでした。彼は霊性を社会的、政治的に理解しました。神は、この戦争の世界にあって人類全体を――敵とレッテルを貼られる人々をも――愛し、仕えるよう私たちを遣わされました。その点において、武装放棄と正義を求める働きは一九六〇年代の遺物ではありません。あるいは、権利を奪われた少数の人々に限られた領域でもありません。それはすべての真のキリスト者の生に不可欠なものです。

「今日、平和を作り出す者でなくして、キリスト者であることはできない」と、ヘンリは *Peacework* の中で述べています。

「ヒロシマとその後の核兵器開発競争は、平和の創造をキリスト者の中心的責務とした。なすべき緊急の責務はその他にもある。――礼拝、伝道、教会の分裂を癒すこと、世界大の貧困と飢餓の軽減、人権擁護など。――けれども、これら責務のすべては、その前に屹立する平和を作り出すという責務に強く結びつけられている。今日、平和を作り出すことは人類に未来を与えることであり、この惑星の上でわれわれの命を持続させることを可能にすることなのである。」

最後に、ヘンリの平和の霊性は一つの単純な事柄に集中していました。――「愛されている」という感覚です。私たちは神によって愛されている息子であり娘である、と彼は繰り返し教えています。私たちがこのこと、すなわち私たちの真の性質に気づけば気づくほど、私たちはいのちについてのこの霊的理解を深めることができます。愛をもってこの惑星に住むすべての人に手を差し出すことができるのです。私たちは自分が神に愛された子どもであるがゆえに、他のすべての人も神に愛された私たちの姉妹たち兄弟たちであると認めることができるのです。このことをなしえたならば、戦争、貧困、不正義、核兵器といった死のビジネスはついえることでしょう。すべての人が平和という神の国に住まうことでしょう。

ヘンリは語ります。「平和を作り出す人は祝福されている。今日のキリスト者にとってのキーワードはこれである」と。

8　デニーズ・レバトフの平和を作り出す詩

一九九一年、アメリカ合衆国がバグダッドを爆撃したとき、当時住んでいたオークランドのイエズス会ハウスの電話が鳴りました。スタンフォード大学の英語学教授からでした。彼女の教室で平和創造について話してもらえないかとの依頼でした。もちろん、と答えました。彼女が求めたのは、特に対イラク戦争について話すことと、パックス・クリスティ[21]の支部を作る手助けをすることでした。私は、わかりましたと応じました。私たちはさらに数分間、話を続けました。そこで名前を尋ねると、彼女はこう答えました。「デニーズ・レバトフ。」

信じられませんでした。トマス・マートンとダニエル・ベリガンの友人で、この国の指導的な詩人の一人。カトリックに改宗した物申す反戦活動家。ぞくぞくしました。

私は何年も彼女の詩を読んできました。それらは必ず、黙想と癒しへと私を招き、憩わせました。ですから、数週間後、彼女の教室に入ったとき、私はとても神経質になっていました。けれども、それは杞憂でした。丁寧で柔らかな話し方をするデニーズは、すぐに私を落ち着かせてくれました。共感を示してくれる聴衆に囲まれて、私は話に入っていきました。それ以来、デニーズはスタンフォードで話をする際の保証人になってくれました。そして、一九九七年に訪れた彼女の早すぎる死まで、私たちは連絡を取り合う仲となりました。

二〇〇六年、ニュー・ダイレクションズ出版が戦争と平和についてのデニーズの詩集 *Making Peace* を出版しました。どの詩にも、彼女の情熱とニュアンス、そして愛が響いています。第一部は、ベトナム、エルサルバドル、第一次湾岸戦争、核による人類滅亡の危機といった戦争の恐怖を呼び起こすものです。第二部は、戦争と不正義に対する非暴力的な証言と行動による抗議の必要性に光を当てています。第三部は、上で述べたような暗黒の時代における詩作の役割について考えを巡らします。そして、第四部は新しい平和の世界を展望しています。透き通っていてシンプル、骨髄に迫るようなこの詩集は、素晴らしい霊的読書をもたらしてくれます。

デニーズなら、それは「希望の小さな粒」を差し出すものにすぎないと言うでしょう。けれども、大豊作をもたらすものだと私は思っています。とりわけ、詩「核実験場のドン・エルデル・カマラ」には、私に思い起こさせるものがあります。私はそこにいました。デニーズとダニエル・ベリガンと一緒に数百人のキリスト者の群れの中に立っていたのです、ネバダ砂漠で毎年行われる核兵器への抗議の場に。ブラジルの大司教ドン・エルデル・カマラが私たちに平和を説きました。彼は突然、上方を見上げると、平和という賜物をくださるよう天に祈りました。そして、あたかも神に向かってするように、空に手を振って挨拶をしました。一同が息をのみました。そのしぐさは私たちを希望で満たしました。

数か月後、「鋤武装解除行動（Plowshare Disarmament Action）」によって北カリフォルニアの牢獄でしおれていた私に、デニーズは詩のオリジナル原稿を送ってくれました。それは深い慰めを与えるものでした。

ドン・エルデル、八十代の小柄な
ブラジルから着いたばかりの人体が
両手を挙げ、目を向ける
熱気で青白くなった空に、懇願する
「平和を！」
――そして手を振って「さようなら、またね」
と神に、親友（compadre）であるかのように
「礼拝は終わった。平和のうちに出て行きなさい
主を愛し、主に仕えなさい。」彼は歩く
われわれと共に越えるために

家畜防止線を、立ち入り禁止区域に向かって
手錠をぶら下げて警備隊が待ち構えているところに

アメリカ合衆国がイラクとアフガニスタンを爆撃し、イスラエルのパレスチナ抑圧に資金を提供し、ダルフールからハイチに至る飢えに苦しむ大衆を無視して、数千もの核兵器を保持する今日、私たちを励ますデニーズ・レバトフの知恵と慰めが必要です。「平和の想像力」の中で、彼女はこう凝縮しています。

暗闇からの声が叫ぶ
「詩人はわれわれに与えるべきだ
平和の想像力を。あの強烈でおなじみの
惨事の想像力を追い出すために。平和は
ただ戦争がないということではない」

この原理はあらゆる戦争を作り出す文化に適用可能です。なぜなら、戦争を始める時に真っ先に失われるのが想像力だからです。戦争、貧困、核兵器のない世界を思い浮かべることは、だれ

にでもできることではありません。けれども、デニーズ・レバトフのような詩人が私たちのビジョンを回復してくれます。詩人は私たちの心を開いて、思いもよらない世界を想像させ、そうしたビジョンを告げ広めて実現させるよう、私たちを押し出してくれるのです。

選択がある。語るか
語るまいか
われわれは語った
われわれが語りかけた者たちは
その選択を有さなかった

私たちもデニーズのインスピレーションを引き寄せて、戦争と貧困、核兵器に反対する声を上げることができます。すべての者が平和に暮らす日は必ず来る、と実直に希望を燃やすことができるのです。

9　ジョーン・バエズ　平和を求める歌声

「ウディー・ガスリー、カムバック。マハトマ・ガンディー、カムバック。」ジョーン・バエズが至福のソプラノで歌いました。「私たちのところに戻って来てよ、マルコムX、マーティン・ルーサー・キング。平和の鐘が鳴り響く中、私たちはセルマに向かって行進する。」

彼女は五十年にわたって、平和と公民権のために歌ってきました。ピート・シーガーにインスピレーションを受けた彼女は、一九六〇年代初頭に注目を集めました。政治色が濃い音楽によって、ボブ・ディランやビートルズよりも前に『タイム』誌の表紙を飾るほどでした。彼女が"*All My Trials, Lord*"を歌い出すや否や、一九六〇年代が誕生し、文化が角を曲がったと私は思います。そのときまで音楽と政治が一つであったことはありませんでした。

今、彼女は以前にまして良い感じです。声は力強く、ビジョンは明快で、平和と正義への呼びかけには差し迫った響きがあります。彼女はその卓越した才能を世界平和のために用い、世界のニーズに応えて音楽の力を発揮させています。

ジョーン・バエズはずっと私のヒーローです。彼女は最近、ニューメキシコに来て、アメリカ合衆国の近年の戦争に反対して、ボブ・ディランの“*With God on Our Side*”“*A Hard Rain Gonna Fall*”“*It's All Over Now, Baby Blue*”を含むフォークソングを歌いました。また、「フィンランディア」と「アメージング・グレース」も感動的に歌いあげてくれました。*Any Day Now / Baez Sings Dylan* は私の好きなＣＤの一つですが、最近彼女はニューヨークのライブ録音で、これらの曲を含むニューアルバム *Bowery Songs* をリリースしました。

最近、ブルース・スプリングスティーンがピート・シーガーのフォークソングと反戦歌をカバーしたことに興奮を覚えたのですが、ジョーンも同じことをしてくれたらいいのにと思っています。何か言うとしたら、彼女にはロックンロールの殿堂入り、グラミー賞特別功労賞、そしてノーベル平和賞が与えられるべきだと思います。

ジョーンは、芸術を社会変革に用いることをピート・シーガーとガンディーの著作から学びました。彼女は私たちに、平和と正義のためのあらゆる運動は、戦争、貧困、核兵器のない世界というビジョンを高く掲げるために、創造的作品――音楽、絵画、詩、劇、映画、文学――を必要とすることを示しました。こうした運動は、私たち一人一人に自分のできることで貢献することを求めています。実際、私たちがなしうるすべての事柄が平和と正義、この地上での神の非暴力の国の到来に奉仕しなければならないのです。

ジョーンは長年、さまざまな運動や抗議活動に関して私を助けてくれました。あるとき、彼女からの封筒が玄関に届きました。中には平和についての発言を促す大きな絵が入っていました。彼女は友人であり、それ以上――私の教師の一人――です。

コンサートの後で彼女と話したことがあります。合衆国の対イラク戦争に反対する市民的不服従行動について、九・一一を追悼してトマス・マートンの隠修庵からルイビルまで歩いたピースウォークについて、ロスアラモスを武装解除させようとの取り組みなど、最近の活動について話しました。けれども、私は悲観的になっており、後ろ向きな考えを吐露してしまいました。行動は必要だが成果が見えないと言ったのです。

「ジョン、ガンディーがなんて言ってるか、知ってる？」

「えっ、何？」

「全力で取り組むことがまったき勝利なのだ。」

「オーケー、ジョーン。頑張るよ。」

ジョーン自身がそのことを長年、心に留めてきたのです。キング博士と友人関係を結び、南部で公民権運動のために歩き、一九六三年のワシントン大行進の折には歌い、隠修庵でトマス・マートンと共に詩を詠み、投獄されていたドロシー・デイの牢の前でユナイテッド・ファーム・ワーカーズの人たちと歌い、ポーランドからチリ、ニカラグアに至るまで、数々の社会変革運動を支援してきました。七〇年代には危険を顧みずにベトナムを旅して、ダニエル・ベリガンやハワード・ジンがしたように、はてしなく続くアメリカの空爆に耐えました。

ベリガン、キング、マートン、デイのように、ジョーンは非暴力に稀有の関わりを持ってきました。ギターと歌声だけを身に帯びて、戦争と不正義のない世界を展望するよう私たちを励ましています。そして、彼女は自分の歌が本物となるように、ひたすら実践しています。デモ行進し、オーガナイズし、逮捕され、税金の一部支払いを拒否し、数えきれないほどのデモに参加してきました。最近、彼女が関わったこととしては、プラハで行われたバーツラフ・ハベル大統領の誕生日を記念するパーティーにゲストとして招かれたことが挙げられます。ハベルはチェコ共和国の英雄的な前大統領です。

私たちは新しい非暴力の世界をつくることができる、とジョーンは教えています。「あらゆるレベルにおいて、暴力に対してあらゆる可能な代替案について学び、実験的に取り組むことで。国や州に対して『ノー』と言い、戦争のための税金に『ノー』と言い、徴兵制に『ノー』と言い、どのようなものであれ殺人に『ノー』と言うことで。協働すること、いかなる形態の殺人をも許さないとの基本姿勢で新しい仕組みを立てることに『イエス』と言うことで。世界中の非暴力運動と連携することで。そして、殺すことも致し方ないとの常識を変えるために、人々とのどのような対話のチャンスをも生かそうとすることで。」

彼女はその有名なエッセイ *What Would You Do If*（あなたはどうする、もし）をこう締めくくっています。「どんなに良くない非暴力組織よりも良くないものが一つだけある。暴力組織だ」と。

最近の彼女は、コンサートをスティーブ・アールの讃歌「エルサレム」の感動的な演奏で閉じています。その演奏は祈りのように立ち上ります。彼女の祈りとは彼女の歌です。彼女の人生とは彼女の証しです。証しと歌の間で、彼女は平和への希望を掻き立てているのです。多くの歳月が過ぎていった今も。

私は信じる、ある日
獅子《しし》と小羊が共に
平和に座すであろうと
エルサレムの丘で

もはやバリケードはなく
有刺鉄線も壁もない
そして、この手からあらゆる血を洗い流し

この憎しみをすべて、心からすすぎ出す

そして、私は信じる
その日には、アブラハムの子どもたちが皆
手にある剣を地の上に永遠に置くであろうと
エルサレムの丘で

10 ビル・オドネル　平和を作り出す司祭

カリフォルニア州バークリーにある聖ジョセフ教会で二十五年間司祭として勤めたビル・オドネル神父は、私の友人であり、この国の最も偉大な平和と正義の活動家の一人でした。彼は二〇〇三年十二月八日の月曜日、突然、亡くなりました。朝のミサのために早く起床し、コーヒーを飲みながら新聞のスポーツ欄を読み、週報の告知欄を書くために机に向かいました。福音とアドベントの意味について三行ほど書いたところで、激しい心臓まひに襲われ、机の上に崩れ落ちました。七十三歳でした。

その前年、ビルはジョージア州フォート・ベニングにあるスクール・オブ・アメリカズでの抗議行動で一線を越え、カリフォルニア州刑務所で六か月の困難な日々を送りました。二〇〇一年のあの十一月、彼が逮捕されたとき、私は一緒にいました。彼は戦争と核兵器、不正義に反対する抗議行動にできるかぎり参加して、過去数十年の間に二五〇回以上逮捕されていましたが、このとき初めて収監されました。この十年は心臓に問題があり、脳梗塞も患いました。牢獄で過ごしたことで、死を早めたのかもしれません。けれども、彼がいつもすぐそばにいてくれたことで私たちは祝福にあずかりました。

彼の死後、私は数週間かけ、私たちの友情について、私たちがなした冒険について、そして彼が教えてくれた教訓について思いを巡らせました。私がビルに最初に会ったのは一九八八年八月のことです。サンサルバドルのスラムにある小さく貧しい教会でのことでした。私はトーマス・ガンブルトン司教[22]と共に、かの地でたたかっている教会のワーカーたちに連帯の意を表すためにエルサルバドルに飛びました。ある夕方のこと、私たちは草の根の基礎共同体運動の報告会に招かれました。殺すぞとの脅迫を数えきれないほど受けてきた痩身のサルバドル人司祭の話の後、私はビルに紹介されました。彼は大男で、トレードマークの黒い皮のジャケットを着ていました。彼は終始一貫、アイルランドのウィットと知恵に満ちていました。

翌年に、カリフォルニア州バークリーに引っ越し、共に働くようになってから、私は彼と近しくなりました。私は一九八九年八月三十一日にカリフォルニアに着き、バークリーの連合神学院（GTU）での四年をスタートさせました。翌日、新しい友人たちが私をコンコード海軍兵器廠での抗議と座り込み祈祷に連れていってくれました。その二年ほど前、その場所でブライアン・ウィルソン[23]が中央アメリカに向けて兵器を運んでいた列車に轢かれたのでした。そこでビルと再会しました。私たちは共通の友人について語り合い、平和創造のイベントについて話をしました。私にそのイベントに参加してほしいということでした。

一九八九年十一月十六日、私たちはエルサルバドルで六人のイエズス会士と二人の女性が残虐にも暗殺されたとのニュースに衝撃を受けました。私はそのイエズス会士たちを知っており、好いてもおりました。その後、私たちバークリーのイエズス会共同体は、エルサルバドルから届いた恐ろしいニュースにどのように対応したらよいかを話し合うために、公開フォーラムを開催しました。予想に反して、五百人が出席しました。会場に入ると、イエズス会の上長が私に司会をするよう言いました。準備する時間などなく、私は参加者に歓迎の意を表すと、全体をいくつかのグループに分けて、そこで取りうる行動策を話し合い、それを持ち寄って方略を立てることを提案しました。一時間後、祈祷会、記者会見、ロビー活動、ティーチイン、抗議行動を含むさまざまな提案が持ち寄られました。

私たちは、アメリカ合衆国のエルサルバドルに対する軍事援助をやめさせるために、公開の大礼拝を行うことを主軸とすると決めました。礼拝は、次の月曜日にサンフランシスコのダウンタウンにある連邦政府ビルの前で行うことになりました。セッションの休憩のとき、ビルが演台のところまでやって来て、私に再度自己紹介し、小声でこう言いました。「徹夜祈祷、けっこうだ。だが、君に知っておいてほしいことがある。君たちが何をしようと、われわれの何人かは連邦政府ビルの前で座り込みを行い、逮捕されるだろうということだ。」

ビルの大胆な告知に、驚くと共に嬉しくなりました。彼は計画の全体を静かに変えつつありました。そして、グループ全体やイエズス会士のサポートがあろうとなかろうと、市民的不服従行動に出ようとしていました。全体でもう一度集まったとき、私は、グループの中に市民的不服従行動を計画している者がいるので、逮捕のリスクがあったとしても参加希望者で残って計画を立てたい旨を、アナウンスしました。部屋にいた他のイエズス会士たちは驚き、衝撃を受けていました。アメリカ合衆国のイエズス会共同体が正式に非暴力市民的不服従を計画したことは、それまではなかったからです。

一九八九年十一月二十日の月曜日、千五百人以上が平和を求めてサンフランシスコのダウンタウンでの祈祷会に参加しました。とても感動的な集会でした。最後に賛美歌を歌って会を閉じると、六人のイエズス会士と二人の女性が連邦政府ビルの階段を上がってひざまずき、出入り口を塞ぎました。私はビルと二、三人の友人が加わるだろうと予想していました。けれども、他の十五人のイエズス会士を含む百二十人が進み出ました。私たち全員が逮捕され、狭い留置場で一晩を共にしました。それは、合衆国のイエズス会史上、最大の逮捕劇でした。私たちはその日一日中歌い、物語を語り合いました。あたかも使徒言行録の一つの章のようでした。後でビルが話すには、それは彼がそれまで体験した中でもベストで、最も感動的なデモンストレーションであったとのことです。私もそう思います。けれども、それはほとんどがビルのおかげでした。

それ以来、私とビルは数えきれないほど一緒に逮捕されました。カリフォルニア州とネバダ州を一緒にドライブして、抗議活動を続けました。友人のダビーダ・コーディ医師と共にラスベガス近くにあるネバダ実験場の核実験に反対する抗議行動によって何十回も逮捕されました。私たちは十回以上、留置場で共に過ごしました。中央アメリカに武器を積み出していたコンコード海軍兵器廠に柵を乗り越えて入ろうとしたため逮捕されたのです。

一九八九年に、アメリカ合衆国による対エルサルバドル軍事援助をやめさせようと、二人のエルサルバドルの女性と二人のイエズス会士、そして私とで、二十一日間のハンガー・ストライキに打って出たことがあります。ビルが電話をかけてきて、自分もハンストに加わりたいと言いました。友人たちに健康状態を心配されても、彼の心は定まっていました。そこで私たちは二十一日にわたって何も食べず、水をたくさん飲み、エルサルバドルの平和という奇跡を求めて祈りました。ハンストに先立ち、記者会見を開き、再びサンフランシスコの連邦政府ビルの前で祈祷会を持ちました。そして、バークリーにあるビルの小教区教会での早朝ミサをもってハンストを解きました。ビルはハンストをやり遂げ、その間も小教区での仕事をすべてやりぬきました。ハンスト終了後、断食についての振り返りを行ったとき、一人一人に訪れた霊的体験がいかに深いものであったか、私たちは皆驚きました。一か月後、エルサルバドルに対するアメリカの軍事援助は停止されました。そして、平和協定が締結されました。

一九九二年の夏の間、私はグアテマラに行き、そこで生活しました。ビルは電話で、訪ねて来たいと言いました。七月の二週間、私とビルは、偉大な友人であるマーティン・シーン(25)やダビーダ・コーディ、ジョー・コスグローブ(26)と共にグアテマラからエルサルバドルを旅して回りました。エルサルバドルでは、ロメロ大司教と殉教したイエズス会士の墓前で祈り、遠隔地の貧しい村々を訪ねて旅し、そこで教会のワーカーや地域活動家たちと会いました。旅の最終日のこと、ビルは私たちグアテマラにいる者のために記念すべきミサをあげてくれました。それは、中央アメリカの姉妹たち兄弟たちとの連帯に堅く立ち続けるよう、私たちを励ますものとなりました。

一九九三年、私はローレンス・リバモア研究所(27)での聖金曜日の平和デモのコーディネートを依頼されました。私はマーティン・シーンとウィリアム・スローン・コフィン(28)をスピーチに招きました。例年では、千人がラリーや徹夜祈祷、デモ行進、研究所の玄関前での市民的不服従行動に参加します。私は、ある週日に開かれたビルの小教区での会合で、この平和運動にもっと多くの人が参加することをビルは望んでいる、そうすれば彼は五百個の白い十字架をこしらえるので、参加者はリバモア研究所の玄関に担いでいくことができるだろう、と大仰なことをとっさに言ってしまいました。その頃、ビルと私は長く続くジョークの応酬をしていました。平和のためにはもっと何かをしなければならないなどと、大真面目を装ってやり合っていたのです。私はビルに放ったそのジャブのことは、たいして意に介していませんでした。——次の週、ビルが大きな木製の十字架を百個作り、それを白く塗ったことをアナウンスするまでは。彼はレントに自分に課すプロジェクトとして五百個全部を一人で作るつもりでした。聖金曜日、白い十字架の海がうねりながらリバモア研究所の玄関に押し寄せ、そこでビル、マーティン、ビル・コフィンと私は、核兵器の解体を叫ぶ約百人と共に逮捕されました。

一九九七年、私は一年の予定で北アイルランドに赴き、そこで暮らしました。その一年が終わろうという一九九八年の夏、両親が会いに来てくれました。ビルと私の両親は長年にわたる良い友人となっていました。彼はかつて母にバラの花を贈ってくれたことがあります。彼女のことが気の毒でならないから、ということでした。私たちは皆、大笑いしました。私と両親が、混み合うダブリンの、セント・スティーヴン緑地のちょっと先の通りを歩いていると、なんとビルと出くわしました。しかも、女性と腕を組んで歩いてくるではありませんか。私たちはびっくりすると同時に、嬉しく思いました。けれども、だれかさんと一緒にいるところに出くわしたのですから、いささかショックを受けていました。そこで彼は笑いながら、妹さん（！）を紹介してくれました。私たちは一緒に座る場所を探すと、コーヒーを飲みながら何時間も、話し、笑い、アイルランドを楽しみました。とても幸せな思い出です。

一九九〇年代を通して、ビルは抗議行動やパーティー、その他のイベントで、いつも私と人生を共にしてくれました。私の兄弟の一人は、私の叙階後のパーティーのことを思い出しては話してくれます。その日は彼が主役だった、と。フィリップ・ベリガンと私が「鋤武装解除行動」で北カリフォルニアの小さな牢獄に一年近く収監されていたとき、ビルは毎週のように手紙を書き送ってくれました。また、私への手紙を週報にメモ書きとして掲載してくれました。彼はいつも真面目くさった素振りで、私に更生するように、犯罪の人生を遠ざけるように、トラブルを引き起こして司祭としてスキャンダルにならないように、と書いて寄こしました。彼のユーモアが私を正気に保ってくれました。そこで私は、獄中記 *Peace Behind Bars*（格子の向こう側の平和）を彼とマーティン・シーンに献呈しました。

あの二〇〇一年十一月、ビルはスクール・オブ・アメリカズのゲートを乗り越えるかどうか、まだ決めていませんでした。イエズス会のティーチインのミサの後、私たちは遅い夕食を一緒に取りました。ホテルに戻ってから、ビルは一線を越えることのプラス面とマイナス面を検討しました。けれども、あの月曜日の朝、ＳＯＡのゲート前で祈りを捧げたとき、ビルは力を受けました。そして一線を越えました。そのシンプルな行動が六か月間の投獄につながることを彼はわきまえていました。後に、二〇〇二年の夏、彼がジョージア州の悪名高い判事の前に現れたとき、今や有名となった一言を発しました。「裁判長、あなたはペンタゴンという『大淫婦』の客引きでいらっしゃいますな」（ヨハネ黙示録一七章を参照）。

ビルと私はほぼ十五年にわたって、絶え間なくジョークを交わしていました。彼は自分が最近行った大冒険について――どのように核兵器工場を糾弾したか、どのように裁判官を面罵したか、労働者を抑圧するぶどう業者をどのように叱りつけたか——話してくれた後、こう差し向けることになっていました。「どうだい、僕はいけてるかい？」それはこう言わせるための誘い文句でした。「うーん、ビル。もうちょっとだね。もうそこまでは来てると思うよ。でも、まだまだだね。もうちょっとだけ、非暴力じゃなくちゃ。それができたら、完璧さ。」すると、彼は高笑いするのでした。私がフィルと一緒に収監された後、彼は「陽気な」手紙を書いてきて、私が「大預言者」となったと言って寄こしました。それが次の長尺ジョークのネタとなりました。私は彼が訪ねてくれるたびに、彼もいつかはメジャー・リーグ入りするだろう、でも今のところはマイナー止まりだ、などと言うようになりました。ビルは笑い転げるのでした。

二〇〇三年八月、私はカリフォルニアに飛んで、自分の四十四歳の誕生日をビルと過ごしました。彼は、私と友人のシェリーとスティーブを、ゴールデン・ゲート・ブリッジを臨み見るバークリーのレストランに連れていってくれました。太陽は沈みかけていました。私たちは何時間も語り合い、笑い合いました。彼は獄中での経験について語ってくれました。毎日、どのように他の収監者に聖書の話を聞かせたのか、保守的な司教がオークランドに着任したことをどれだけ憂慮しているか、私がニューメキシコ砂漠で貧しい人々の間で行っている働きにどれだけ励ましを受けたか、などです。

彼が亡くなる前週、私は彼に手紙を書き、十一月二十日に州兵たちが行進してきて、自宅前で立ち止まり、「殺せ、殺せ、殺せ！」と叫んだことを報告しました。そして、こうも伝えました。いつか、彼が大預言者となる日、兵士たちが彼の家にも来るだろう、と。私の常軌を逸したような手紙が彼を吹き出させたことは間違いありません。

十二月八日、ダビーダ・コーディが電話で、ビルがその日の朝に亡くなっているのが発見されたことを知らせてくれたとき、私はアルバカーキ空港の外に停めたピックアップ・トラックの中に座っていました。ダニエル・ベリガン神父と二人の友人イエズス会士を拾ったところでした。私はショックのあまり、声が出ませんでした。計画していたダニエルのニューメキシコ訪問と大きなリトリート集会のために、ビルの葬儀に出ることはできませんでした。ビルがデスクに倒れていたことをダニエルに伝えると、ダニエルは、ビルが福音について書いている最中に亡くなって、デスクから見上げるとそこにイエスがおられ、ビルが彼にこう言っているように思えると言いました。「ヘイ、ここで何してるんだい？　僕は今しがた君について書いていたところなんだけど。」彼がイエスを笑わせたこと請け合いです。イエスが両手を広げてビルをパラダイスに迎え入れてくれたことを想像して、私は平安を得たのでした。

数日後、ビルからの手紙が届きました。彼がその死の前日か二日前に投函したものに違いありません。私はダニエルと一緒に読みました。「期待どおりに合衆国軍が預言者ジョンを起こそうと彼の家にやって来たとき」手紙はこう始まっていました。「彼を讃えて歌い、チャプレンとして勧誘したのだが、ディア神父さま（the Dear pastor）[29]は『ジョン・ブラウン』[30]的怒りに燃えて、歌う勧誘員たちに向き直り、入隊しませんかとのサイレンを叱りつけたものだ。すげない拒絶は著しい報復を招く。君はそのきわめて反愛国者的態度のゆえに、ニューヨークに追放されるおそれもあった。ジョン、われわれは軍隊とのお付き合いをやめなければならない。さもなければ、彼らはわれわれに恋してしまうかもしれないからな。とすれば、われわれはどうなる？　君の地域隊長は正しい。つまり、君は大臀筋の大きな痛みとなったわけだ。彼らが君をジョージタウン[31]に送り返して手なずけてしまう前に、私はここ一、二か月の間に君に会いにいかなければならぬ。」

ビルは多くのことを教えてくれました。友の死を悼みつつ、三つのことが浮かびます。ビルは「聖なる不敬」のモデルでした。彼は今まで会った中で最も不敬で、反聖職者的、最も気取らない人物、なおかつカトリック司祭でした。彼は常に自分を低みに置き、そうする中で他者を立てました。そのことに畏敬の念と憧れを抱くものです。それは細やかな至芸と言えるものでした。

あるとき、彼とネバダの砂漠を走っていたとき、こう尋ねてみたことがあります。「あなたはどうして司祭でいるんですか。あなたは全教会で最も不敬で、最も挑発的で、最も破壊的な人物じゃないですか。」私は気の利いた一言を期待しました。けれども、驚いたことに、彼はそれを真剣に受け止めました。「私は司祭だ。なぜなら、自分にとって、それが人間となる最良の道だから。」彼の力強い答えが忘れられません。今になって思うのですが、彼はその問いを何十年も思い巡らしていたのでしょう。ビルは、司祭職が持つ特権と見栄えといったものを捨てることを早くから学び、イエスと同じように他者に仕えることを喜びとして日々を過ごしました。そうする中で、そうありたいと願っていた人間、全人的で聖なる人間となりました。全人的人間となる――それこそ霊的生活のゴールです。ビルは、彼の聖なる不敬とすべての人間に対する聖なる敬愛を通して、いつの日か、なるべき人間になるよう私に挑戦しています。

第二に、ビルは「聖なる抵抗」のモデルでした。ビルは制御不能でした。暴力、不正義、戦争のあらゆる形態に抵抗することをやめませんでした。あるとき、自分は週に二つか三つの座り込みか抵抗行動に参加していると言いました。野獣の腹、すなわち私たちの国が今やそうである帝国の中で生きながらイエスに従うということは、戦争、死刑、労働者や貧しい人々への抑圧、核兵器貯蔵庫に対する公然たるたゆまない非暴力抵抗が求められることを、ビルは知っていました。ビルの「聖なる抵抗」は、ただ教会の指導者だけでなく、すべてのキリスト者のモデルです。ビルは、この恐ろしい帝国にあって暗黒の時代をどのように生きればよいか、示してくれています。今から後、私たち一人一人は週ごとの座り込みや抵抗運動に参加し、戦争と不正義に声を上げ、アメリカの戦争遂行に対する非暴力抵抗において一線を越えなければなりません。

最後に、ビルは「聖なるユーモア」を教えてくれました。彼はいつも笑い、他の人々を笑わせました。ダニエル・ベリガンが言っているように、もし死に抗して生きようというのであれば、私たちは人生においてより良く生きることを学ぶべきです。帝国主義的暴力に対するキリスト者の抵抗という生き方において、笑うことは重要な要素なのです。彼は自分について深刻になりすぎることはありませんでした。いかなるときも、気の利いたことを言いました。アイルランドの人たちが言うように、ビルは機知（good crack）に富んでいました。

私たち友人がビルの偉大さに気づいたのは、おそらく彼の死に際して、彼の葬儀であふれるばかりに流れ出たものに接することによってだと思います。こう言うと彼は笑い飛ばすでしょうが、今はっきりとわかるのは、ビルがサンフランシスコの湾岸地域のみならず、全米に与えられた、すばらしい神からの贈り物だったということです。ビルは平和と正義の大預言者でした。より多くの司祭やキリスト者がビルという事例から学び、戦争と核兵器に反対する声を上げることで、彼が残したものを引き継いで、私たちがそうあるべき民となるために、聖なる不敬の道を歩むことを願うものです。ビルに感謝。私は頑張り続けたい。

「敬愛する神よ」ビルはかつてこう書き記しました。

「私たちが孤独の中にあるとき、どうか慰めてください。嘆き悲しみの中にあるとき、どうか励ましてください。他者を、自分を、そしてあなたを信じ続ける深い信仰をお与えください。ご自身が旅でいらっしゃるあなたを目指す旅路にあって増し加えられる、明るく確かな希望をお与えください。神よ、もしそれがあなたの広げた両腕の中に導くものであるならば、痛みをも感謝する勇気が私たちにあるでしょうか。アーメン。」

11 ティク・ナット・ハンとの静修会

「平和を保つならば、私たちには地球を救うチャンスがあります。」ステージの上で蓮華座の姿勢で座っているティク・ナット・ハンが語りかけました。

「けれども、平和のうちに一つとなれないのであれば、マインドフルな消費の仕方を実践できないのであれば、私たちにはこの惑星を救うことはできません。地球を救うためには、ただ個としてというだけでなく集団としても悟りが必要です。自らを目覚めさせる必要があります。もし私たちが未来を望むのであれば、自分自身とこの惑星を救いたいと願うのであれば、マインドフルネスを実践しなければなりません。」

二〇〇七年八月のことでした。私はロッキー山脈の真ん中、コロラド州エステス・パークにて、仏教指導者の一人ティク・ナット・ハンとの静修会に参加していました。千人を超える人々が集まり、この伝説的な平和の作り手による六日間の沈黙とマインドフルネス、瞑想と法話のときを過ごしました。

「タイ（先生の意）」と共に過ごすことは何という祝福でしょうか。私は一九八〇年代の後半から彼の講話に参加してきましたが、友和会[32]（以下、FORと表記）のディレクターとして奉仕していた一九九〇年代後半には彼と個人的に知り合うようになり、やがて友人となりました。タイは私の人生における大いなる祝福の一つです。

一九九八年にバーモントにいる彼をニューヨークから車で訪ねたことがあります。彼はボストン近郊で開かれた千人との六日間の静修会をちょうど終えたばかりで、少し休んでいるとのことでした。私も疲れていたので、彼が滞在しているカントリー・ハウスの芝生まで歩いていき、一本の木の下で横になりました。そして、すぐに眠りに落ちてしまいました。一、二時間後に目を覚ますと、彼がすぐそばで蓮華座に座り、微笑んでいました。私たちは平和と非暴力について素晴らしい会話を交わしました。

別の訪問のおり、タイと他の八人の僧侶たちと床に輪になって座り、ベジタリアンのピザを一緒に食べたことを思い起こします。私たちは沈黙の内、マインドフルに、そして平和のうちに食事をしました。四十五分ほど経ったところで、彼は私のことを僧侶たちに紹介してくれました。私たちは平和のための働きについて、共通の友について、私たちの本について、そして非暴力の重要性について語り合いました。

少ししてから、彼はグループの人々にこう言いました。「ジョン神父が気の毒でなりません。彼は平和のためにあまりにも激しく働いています。だれか彼のために歌ってくれませんか。」それを受けて、一人の僧が立ち上がり、次のようなチャントを即興で歌い始めました。「ジョン神父はお気の毒。平和のために働きすぎ。平和のために働きすぎ。それである日、死んでしまった。ジョン神父はお気の毒。平和のために働きすぎ。彼はもう死んでいる。」その歌は十分ほど続きました。タイと他の僧侶たちは大真面目で頷き合っていました。わが禅の導師からいただいた仏教の古典的な教えはこういうことでした。「命を覚ませ！　命は尊い。だれもが死ぬのだ！　今このときを生きよ！」

タイは穏やかさを体現したような方です。私は彼の平和を作り出す力（peaceableness）に驚かされてきました。自分が語ってきたことをいかにコツコツと実践していることか。私は少しでも彼のようになりたい。なぜなら、彼の平和の中にキリストを見いだし、より深くキリストを学ぶからです。また、より多くのカトリック教徒たち、司祭、修道女、イエズス会士、活動家が彼のように真剣に平和を実践してほしいと願っています。

一九四二年、ナット・ハンは十六歳のとき、ベトナムの片田舎の僧院に入門しました。彼は後に「社会サービス青年学校」を設立し、学生たちは爆撃で破壊された村の再建と、戦地から逃れてきた数万もの人々の再定住に取り組みました。彼はまた、バン・ハン仏教大学とラ・ボイ出版、そして彼自身の僧伽《サンガ》であるインタービーイング会を創立しました。インタービーイング会には今日、誓いを立てた六百人の男性僧、女性僧が所属しています。戦争では多くの友人が殺されました。彼自身、三度にわたる爆撃を辛うじてかわして生き残りました。

一九六六年、FORはタイを三か月の米国講演旅行に招きました。彼はトマス・マートン、ダニエル・ベリガン、マーティン・ルーサー・キングJr.に紹介され、キングはタイをノーベル平和賞に推薦しました。その後、ベトナムが彼の帰国を拒んだので、彼はフランスに居を移しました。そこで彼はプラム・ビレッジを設立しました。毎週、千人もの人々を惹きつけている修道共同体です。彼はパリ和平会議においては、ベトナム仏教徒平和代表団の議長として奉仕し、ボート・ピープルを救済するプロジェクトにも尽力しました。七十五冊以上を著し、その中には『仏の教え　ビーイングピース』『微笑みを生きる』『死もなく、怖れもなく』『生けるブッダ、生けるキリスト』が含まれています。過去六年の間、毎年五冊ずつ出版してきました。

タイは次のように書き記しています。

「私たちが呼吸する一つ一つ、私たちが進める一歩一歩が平和と喜びと静けさに満たされうるのです。私たちに必要なことはただ、目覚めて今この時に生きることだけです。」

彼はマインドフルネスの実践を教えています。一日を通して呼吸に注意を向け、今この時に集中する——起き上がるとき、座るとき、歩くとき、食べるとき、運転するとき、話すとき、選択するとき、お皿を洗うときに。彼の教えは、世界の戦争や貧困、破壊行為と、私たちの日ごとの生活、一刻一刻とを結びつけます。

彼はかつてこう述べています。

「非暴力を実践するとは、何よりもまず非暴力となることです。……非暴力のエッセンスは愛です。愛から、無私無欲に行動しようとの意志から、非暴力のたたかいの方略と方術、そして技術が自ずと立ち上がってきます。非暴力はドグマではありません。それはプロセスです。他の闘争はおそらく、貪欲や恐れ、あるいは無知によって掻き立てられるでしょうが、非暴力のたたかいはそうしたエネルギーを闇雲に用いることはいたしません。なぜなら、そうしたあり方は加わる者たちを破壊し、運動そのものをも壊してしまうからです。苦への気づきから生まれ、愛によって育まれた非暴力行動は、憎悪に立ち向かう最も効果的な道なのです。」

この静修会で私は、タイが語る仏陀についての、マインドフルネスについての、呼吸すること、座ること、歩くこと、深く見ること、今このときを十全に生きることについての「法話」に深く動かされました。私は後で、私が「法」について語りながら国中を旅したときに身につけていた木製の十字架を彼に差し上げました。

ある朝、彼は私たちにこう語りかけました。「あなたがたは、静かに平和に満たされるように願いながらマインドフルネスを実践します。マインドフルネスを実践して平和の生を生きるとき、あなたがたはもう一方で、平和の未来への希望を引き起こしているのです。」

千人もの人々が壇上の小さな座にいるタイと共に、完全な静けさのうちに何時間も座っているというのは驚きです。けれども、最も素晴らしかったのは歩く瞑想でした。タイと僧侶たちは毎朝五時半に、私たち千人を二十分の沈黙のピース・ウォークへと導き、そびえ立つロッキー山脈に囲まれた平原へと連れて出ます。そこで三十分間静かに座って日の出を眺めます。そして、さらに座禅を組むために、私たちはメイン・ホールへと歩いて戻ります。

「マインドフルに歩くとき、私たちは一歩一歩に喜びを感じます」と彼は語りかけてくれました。「その一歩一歩が新鮮さとくつろぎ、静けさと幸福感を与えてくれます。一歩一歩が滋養をもたらし、癒してくれます。私たちは仏陀のように歩き始めるのです。」平和への道はどのように歩いたらよいか、より平和にイエスに従うにはどうしたらよいか、平和の聖霊の中でどのように生きたらよいのか、タイは私に教え続けています。

ある朝、公園のカンファレンス・センターの角をゆっくり回りながら歩いていたとき、二頭の素晴らしいエルク（ヘラジカ）に出会いました。私たちからほんの十七、八メートル先に堂々と立っていたのです。そのうちの一頭は雄のエルクでしたが、たぶん一・二〜一・五メートルの長さの見事な角を持っていたと思います。私たち千人はタイに率いられて、エルクのすぐ横を歩いていきました。ゆっくりとマインドフルに、平和のうちに、一歩一歩時間をかけてまったき平和のうちに歩いていきました。巨大なエルクはそこに立ち、すべてを受け入れていました。私たちを見やり、完全なるマインドフルネスと平和を実践していました。かなたでは層になった白い雲が山の頂の下に垂れる中を日が昇っていきました。神秘的瞬間、平和の体験でした。タイに感謝、神に感謝。そのところに常に戻って来たい。

12 ゾフィー・ショルと白バラ

たぶん皆さんは驚かないと思いますが、私は正義と平和のメッセージが込められた映画のファンです。——『ガンジー』『ミッション』『父の祈りを』『ミッシング』『7月4日に生まれて』『バベットの晩餐会』『デッドマンウォーキング』『エリン・ブロコビッチ』『シルクウッド』『遠い夜明け』『フィラデルフィア』『スタンズアップ』『テスタメント』『ヴェロニカ・ゲリン』『13デイズ』などです。そして、私の好きな作品に『白バラの祈り ゾフィー・ショル、最期の日々』があります。

ゾフィーとは？ それは、二十世紀で最も偉大なヒーロー、聖人、殉教者の一人を描いたドイツ映画の題名です。ゾフィーは、ミュンヘンの二十一歳の大学生で、兄のハンスと医学生仲間たちと「白バラ」という非暴力グループを結成しました。グループは反ナチスの活動を行いました。ミュンヘン中で反ナチスの落書きを書き、非合法のビラを密かに配布しました。

一九四三年二月十八日、ゾフィーとハンスはビラの詰まったカバンを持ってミュンヘン大学に行き、だれもいないホールを素早く抜けて、学生が手にするであろう場所にビラを置いて回りました。外に出る際、ゾフィーはバルコニーからビラを撒きました。ビラはお昼どきの混み合ったところへヒラヒラと舞い落ち、二人はその混乱の中を逃げ去りました。けれども、二人は逮捕され、監獄につながれ、尋問を受けました。そして裁判にかけられて、ほとんど即決で断首されました。

十年ほど前、歴史家たちが尋問と裁判の記録を発見しました。映画は、それらの場面を再現していきます。狡猾な尋問、ゾフィーの巧みなはぐらかし、そして最後は、世にあるあらゆる「カンガルー裁判」（いかさま、あるいは、つるし上げ裁判の意）のうちの最も「カンガルー」的なもの――ナチスの訴追判事、黙ったままの弁護人、あらかじめ決まっている求刑と判決――です。冒頭から、裁判官はゾフィーに悪口を浴びせかけます。兵隊の士気を失わせた、敵を利した、愛国心を傷つけたと激しく非難します。

ユリア・イェンチをこの起用した映画は、しっかりと学びながら観る価値があります。よく研究し、思いを巡らせながら祈る価値があります。この映画は、戦争文化への人間の対応についてこだわっているからです。私たちの文化と同じような破壊と死に向かう文化に対してどのように応じたらよいか、理想あふれる対応を明示しているからです。ですから、この映画が私たちの戦争への加担――イラク、アフガニスタン、コロンビア、イランそしてロスアラモスでの戦争――に関係していると考えることは、決して大きな飛躍ではありません。

『白バラの祈り　ゾフィー・ショル、最期の日々』は、いくつかのことを、真剣に自問するよう私たちに挑戦しています。急激な軍国主義と分別を失った愛国主義に直面して、何をなすべきか。非暴力のイエスに従うことにどれほど真剣か。私たちにとって勇気とはどのような意味を持つのか。命を守り神の平和を掲げるために、どれだけの代価を支払おうとしているか、との問いです。

ナチスの法廷シーンは、はなはだしい悪と分別なき憎悪に満ちていて、血をも凍らせるものがあります。ゾフィーとその兄を弁護する者はなく、空気は暗くて険悪です。しかし、激しく非難してくる者を前にしても、ゾフィーとハンスは大いなる尊厳をもって立ち続けます。二人は国家による暴力を退けるのです。そして、戦争を遂行する国に対する忠誠を拒否して神を求めるよう、一丸となって襲いかかる法廷に呼びかけるのです。

ビラの一枚には、大胆にもこう宣言されていました。「われわれは決して沈黙しない。われわれは君たちの悪しき良心なのだ。白バラは君たちを平穏のままにはしておかない。」ゾフィーたちの勇気は法廷でしおれまいと抗います。サンヒドリンを前にしたステファノのように、ゾフィーは陰悪な裁判官に向き直ると、こう言います。「裁判長、あなたもすぐに、私が今いるところに立つことになるでしょう。」裁判官は怒りを爆発させ、ゾフィーとハンスは仲間のクリストフと共に死刑判決を受け、一時間も経たないうちに断首されてしまいます。

その少し前のこと、同情した看守がゾフィーに両親との面会をアレンジしてくれました。涙が留めなく流れます。咎めはありません。両親は彼女を抱きしめ、彼女を誇りに思っていると言います。そして、イエスを見上げなさいと語りかけます。ゾフィーは両親の勇気に感謝して、同じことを行うよう伝えます。

今日、三十五もの戦争が行われ、二万五千発の核兵器がいつでも発射できる状態で配置され、五万もの子どもたちが毎日、飢えて死んでいます。地球環境は破滅の一歩手前のところまで来ています。そうした中、私たちに何ができるのか、考えあぐねてしまいます。ゾフィーとハンスは多くのことをなしたわけではありませんでした。二人は反ナチスのビラを書いて、それを少し撒いただけでした。一方で、二人は自分たちにできることのすべてを実行しました。それはほとんどの人ができることでした。二人は戦争の文化に抵抗することに自らの命を差し出しました。非暴力のイエスに最後まで従ったのです。

どうしたら同じ高みを望むことができるだろうか、と悩むものです。けれども、ゾフィーとハンスは私たちを次のような活動に加わるよう呼びかけていると思います。地域の平和グループに参加して、平和のための座り込み祈祷を行うこと。ビラを撒き、新聞・雑誌に投稿すること。アメリカ合衆国の戦争に公然と反対の声を上げ、部隊をすぐに帰郷させるよう主張すること。非暴力の市民的不服従行動に加わって、それがもたらす結果を引き受けること。——換言すれば、必要とされていることを、はっきりとした結果が見通せなくても、それらの行動は善であり、私たちの理想は正しく、行動は緊急性を有すると信じて実行することです。ゾフィーは私たちの未来のために種を蒔くよう願っていると思います。未来とは私たちではなく、私たち自身が実りを生きて見ることができないかもしれない次世代のものです。

偉大な歴史家であり、『民衆のアメリカ史』の著者である、友人のハワード・ジンが二〇〇六年にサンタフェを訪れた際、彼の名誉を称えて昼食会が開かれました。三十五年以上も社会変動について研究してきたが一つの結論に達した、と彼は言いました。社会の変革を求めたアメリカの運動は、——奴隷制廃止であれ、投票権であれ、労働者の権利であれ、公民権であれ、戦争廃絶であれ——最初から、運動が継続されている間も、そして最終局面においても希望なしであった、と。私はこのことに、奇妙にも慰めを感じます。

ハワードが言うには、鍵は普通の人々が毎日、非暴力抵抗の普通の事柄を行い続けることです。たとえ、前向きな結果が期待できなくても。さらに言えば、それこそ権力の座にある者たちが最も恐れること、すなわち、普通の人たちによる消え失せることのない運動です。

希望という大いなる突破はここから来る、と彼は言います。変化は起きます。なぜなら、普通の人々が頑張るからです。人々はあきらめません。人々は自分にできることを、たとえそれが小さな事柄であっても行うのです。関わる一人一人が変化を生み出すのです。

これがゾフィー・ショルの教訓です。彼女の人生と証しは、白バラの他のヒーローたちのそれとあいまって、良き果を実らせました。この人たちの記憶はこう告げています。立ち上がって自分にできることをなせ。邪悪な合衆国の対イラク戦争を止めさせ、パレスチナの人々への不当な抑圧、アフガニスタンに対する不法な爆撃、コロンビアの死の部隊に対する資金援助、悪鬼的な核兵器の貯蔵を止めさせ、アフリカ、ラテン・アメリカ、インド、その他の地域の飢えの中にある人々への食料支援を拒ませるな、と。

私たち一人一人には何かしらのことができます。そうです。非暴力のイエスは、苦しんでいる人類のために何かをなすよう、私たち一人一人を招いておられるのです。ゾフィー・ショルは今も、闇の世界の中で光を輝かせています。彼女は私たちの勇気を掻き立て、共に立ち上がるよう呼びかけています。この暗い時代にあって、権力がうごめくさまに直面するとき、私もまた真理と平和を主張することができるよう願い、祈るものです。

13 フランツィスカとフランツ・イェーガーシュテッター

毎年のように、美しい手紙がオーストリアから届きます。九十四歳のフランツィスカ・イェーガーシュテッター——殉教者フランツの妻——からです。愛と祝福に満ちた彼女のカードはある種の重みを持っています。彼女から便りが届くたびに、私の平和のための歩みは——それは小さなものにしか見えませんが——確かな視座を得ます。

フランツィスカは、一九三六年に農民のフランツと結婚しました。彼はその後、突然、熱心なカトリック信者となり、ドイツとの国境近くの村にあるザンクト・ラーデグント教会の堂守として仕えました。一九三八年にナチスがオーストリアに侵入し、フランツ以外のだれもがアンシュルス（ドイツによるオーストリア併合のこと）を支持しているように見えました。フランツはヒトラーに反対する声を公然と上げ、他のほんの一握りのオーストリア人と共に、徴兵を拒否しました。

フランツの徴兵命令は一九四三年に送達されました。彼は近隣の人々や教会の司祭、司教の主張にもかかわらず、がんとして聞きませんでした。彼はさまざまな訴えや詭弁に抗しましたが、すぐに逮捕されてしまいました。ナチスは彼をリンツで投獄し、その後ベルリンに移し、一九四三年八月九日、彼を断首しました。彼の物語はその後の二十年間、一握りの親戚と近隣の住民を除いて知られないままでした。

死、恐るべき強固なもの。しかも眼前に迫っている。いったいどのような力でもって彼は対決したのでしょうか。まずもって、彼はガンディーと同じ結論に達していました。すなわち、悪への非協力は善との協力と等しく、われわれの義務である、という結論です。

「今日も、神の助けによって、自分を高く掲げ、私たちが捕われている泥沼から抜け出して、永遠の幸福を得ることは可能である。――私たちが真摯に取り組み、この責務に全力を傾けるならば。私たちが自らを救い、キリストのために他の魂を救うことに、遅すぎるということは決してない。」

そして、フランツは非暴力の霊を呼吸していました。彼はこう書いています。

「キリスト者として、私は武器をもってではなく、神のみ言葉をもってたたかうことを選び取る。」

私は、一九九七年にザンクト・ラーデグントへの巡礼を行いました。それは「第三修練期」として知られるイエズス会の休暇年の始めのことです。私は北アイルランドに赴いて、そこで働くことになっていました。その途中で立ち寄りました。私はフランツの墓前で祈りを捧げたいと思っていました。イェーガーシュテッター家からの招待状を持っていたのですが、場所がわかりません。一人でしたし、ドイツ語が話せませんでした。何時間か村の中をとぼとぼ歩き回りました。四方は素晴らしい農地です。けれども、行くべき道を示す標識が見当たりません。最終的に、庭のスモモの木から果を取って食べている年老いた女性に出会いました。「イェーガーシュテッターさんのお宅はどちらでしょうか?」彼女は微笑みました。「私がフラウ・イェーガーシュテッターです。」

彼女はジョージア・オキーフのような面持ちで、マザー・テレサのようなキラキラした目を持っていました。温かで優しい魂、愛情あふれんばかりの親切心、そして喜びが伝わってくるようでした。とても謙虚で、少しばかり恥ずかしがり屋さんでした。けれども、その奥には力強さと堅固な信仰、深い平安と福音への確信がありました。私にとって彼女は、殉教したその夫と同じくらい、聖人です。フランツが亡くなった後、彼女は堂守の仕事を引き継ぎ、三人の娘を懸命に育てて、彼の記憶を残しました。

私が彼女を訪ねたとき、彼女は私に歓迎の言葉をかけ、いろいろと案内してくれました。最初に訪れたのは、フランツが暮らし働いた古い家族用の家で、今は国立博物館になっていました。私は部屋から部屋へと展示を見て回りました。フランツィスカと娘の一人が解説する中、フランツの手紙や持ち物を注意深く見ることができました。フランツが生き生きとしてきました。その後、フランツィスカが写真アルバムを開いて見せてくれ、私たちは彼女を囲んで過ごしました。家族は大切な思い出を、温かなもの、引き裂かれる思いになるものを、次から次へと思い起こしていました。

私は聖地の上におりました。――お返しは、一つを除いて何も持っていませんでした。私はフランツィスカにこう伝えました。ずいぶん昔になりますが、皆さんの物語は私が司祭になることに影響を与えてくれました、核兵器や戦争に反対する活動に駆り立ててくれました、と。フランツは自分にとっては一種の聖像となりました、とも。カトリックの平和運動はフランツの記憶を高く掲げます。彼の証しは時間を超えて流れ、トマス・マートンやドロシー・デイ、ダニエル・ベリガンのような人々を鼓舞してきました。フランツィスカの顔がぱっと輝きました。こうしたことはどれも、彼女にとって良き便りとなりました。

私は尋ねました。今まで想像したことはありましたか？　いつの日か、自分が教皇に会うということを。世界中の信仰の民をあなたが励ましているということを。あなたの家が国の博物館として尊敬を得るということを。私のような巡礼者が群れをなして訪れることを。そして、フランツが列聖されるであろうことを。

質問が次から次へと出てきました。――申しわけないことに、彼女はついてくるのがやっとでした。「いいえ、決して。」ナチスはドイツ的最終決定を、フランツに下して、処刑しました。「私は彼のことを知る人はもうだれもいないと思っていました。何十年も彼の手紙をマットレスの下に隠しておいたのですから。一九六〇年代の初め、ゴードン・ツァーンが彼のことを知るに及んで、*In Solitary Witness*（たった一人の証言）を書いたのです。それがすべての始まりでした。」

村での最後の朝、私たちは御堂でミサを分かち合いました。ドイツ語と英語で、私たちは家族と友人のために祈り、教会と世界のために祈りました。また、核兵器と戦争の廃絶のために祈りました。聖体拝領の後、私たちはフランツのつつましいお墓の前に立ちました。

彼の墓は、彼が毎日ミサに出ていた村の小さな御堂の外の、壁に沿ったところにありました。その上方には、オーストリアによく見られる十字架があって、マタイ福音書のみ言葉が掲げてありました。「自分の命を得ようとする者は、それを失い、わたしのために命を失う者は、かえってそれを得るのである。」（マタイ一〇・三九）このことは、私の人生で最も感動的な霊的、典礼的経験の一つです。私がお別れを言うと、彼女は庭で採れたスモモとりんごと自家製のパンでいっぱいになった籠を私の腕の中に押し込んで、持たせてくれました。

数年後の二〇〇七年十月二十六日、私はオーストリアのリンツにある司教座聖堂に、他の五千人と共に参列し、フランツ・イェーガーシュテッターの列福を祝いました。その様子は、全オーストリア、ドイツ、そして世界中でライブ中継されました。式典は慰め、励まし、高揚のときでした。鳴り渡るような拍手がフランツィスカに捧げられました。列福が宣言されました。フランツの写真が載った大きな横断幕が広げられました。何十人もの司教や枢機卿が立ち上がり、見上げています。――ついに、フランツを！――けれども、最も感動的であったのは、フランツの遺物のプレゼンテーションでした。フランツィスカが遺物に接吻し、リンツの司教座聖堂のために枢機卿に手渡すと、涙を流しました。彼女は知ったのです。フランツはもはやオーストリアのものではない。今や世界のものとなった、と。そして、彼のわざが始まりました。

これは驚くべき転換点だと思っています。フランツの時代には、殺すことをイエスは禁じておられるとフランツが主張したことを、教会の官僚たちはあざ笑いました。今ではそれはひっくり返されています。戦争を賛美し、ヒトラーのために戦ったドイツとオーストリアの「信仰深き」カトリック教徒に対する一つの審きです。けれども、それだけではありません。転換点とは一つのしるしです。――聖なることのあり方を示すしるし。神聖さという、未来のしるしです。

全面戦争の世界、破壊という死の淵にある世界にあっては、ただ一つの種類の聖性だけが実を結ばせます。――イエスが体現し、フランツが抱いた聖性です。殺すことを弁解の余地なく拒否する勇気ある非暴力です。報復の影を微塵も残さない死を望むこと。すべての人を、敵をも愛する神の愛です。愛国的軍事主義に公然と、預言者的に抗することです。

おかしくなってしまった世界にあって、フランツは道を示しました。すなわち、戦うことを拒否し、殺すことを拒み、戦争の遂行に連なることを拒否し、妥協を拒むことです。――そして、自分の魂の中であらゆる非暴力を傾けて暴力の仕組みに身を張って立ち向かうことです。非暴力のイエスに従うようにと私たちを励ます聖人たちが、戦争にノーと言っています。戦争の文化に抗し、平和のために声を上げ、正義のために働き、信仰の神秘的次元と政治的次元をしっかりと結びつけています。これが私たちに必要なことです。

あの祝祭の日々の中、私はフランツが一九三八年に見た夢について思い巡らしていました。その夢が彼をして戦争に否を言わしめたのです。彼が見たのは、大勢の人々が美しい列車にわれ先に乗り込もうとしている夢でした。そこで彼は声を聞きました。「この列車は地獄行き！」次に、彼は多くの人々が苦しむさまを見ました。恐ろしくなって目を覚まし、夢のことをフランツィスカに話しました。その後、彼は牢獄の中でこのことを書き残します。その夢はナチスの愛国主義、偶像崇拝、戦争の遂行についてであった、と。

けれども、私はこう思うのです。彼の夢はあらゆる愛国主義、偶像崇拝、戦争の遂行についてのものではなかったか。世界が暴力と殺人、戦争、核兵器へと殺到していることについてではなかったか、と。彼の夢は、アメリカ合衆国の帝国主義と軍事支配、イラクとアフガニスタンに対する戦争、企業の貪欲さ、環境破壊、世界中の貧しい人々の叫びを無視することを、私たちが黙したまま支持していることを描いているのではないか。フランツは私たちの魂の喪失を厳しくも指摘しているのです。私たちは魂を失いつつあり、そしてそのことに気づいていません。彼はこう述べています。「この列車に乗り込もうとしている一人一人に向かって叫びたい。『列車が目的地に着く前に飛び降りろ！　たとえ、命を支払うことになったとしても』と。」

これが、私たちが声に出して言うことです。たとえ、大勢が乗りこもうと押し寄せたとしても、フランツのように、私たちは地獄行きの列車に乗らないようにします。そして、私たちはこう叫ぶのです。「この列車に乗るな。戦争の文化を支持するな。ロスアラモスで核兵器を作るな。九億もの人々が飢えている目と鼻の先で、金持ちになるような人生を送るな。帝国旗を拝むな。良心的異議申立人、非暴力の抵抗者、平和の作り手となれ。キリスト者となれ。」

けれども、私を最も驚かせるのは、フランツがただ不正な戦争に反対する道を説いただけではないということです。（多くの善良な人々は、彼はナチスの戦争は不正であり、だからこそ彼は戦うことを拒否し、正しいことを行った、とフランツについて結論づけますが。）私が思うに、フランツはもっと先を行っていました。彼は、フランツィスカと共に、山をも動かすような信仰の高みに登ったのです。彼と一緒に牢につながれていた一人がこう証言しています。「彼は一日中、祈っていました。」彼は日ごと、聖体を拝領し、困っている人に差し出し、必要であれば声を上げ、司祭や司教たちを教え、死の備えをなし、福音的政治と福音的霊性とを結び合わせるためにあらゆることを行おうとしました。その死に際して、フランツは、非暴力のイエスに従って神に全生命を捧げることは次のことを意味すると理解していたと思うのです。だれかを殺し、戦争を支持し、悪と妥協することは決してできないということを。

「ナチズムを信奉する者が、自分たちの闘争は生存のためであると告げているように」彼は獄の中から書いています。

「われわれもまた、われわれのたたかいは永遠のみ国のためであると自らに言い聞かせなければならない。だが、この違いをもってである。われわれのたたかいにはライフルもピストルも必要ない。その代わりに霊の武器がある。……敵を愛そう。われわれを呪う者たちを祝福しよう。われわれを迫害する者たちのために祈ろう。なぜなら、愛こそ永遠を目指して乗り越えさせ、耐えさせるものなのだから。神の愛のうちに生き死ぬ者は幸いである。」

フランツの死の朝、ブランデンブルグの牧者であるアルベルト・ヨッホマン神父が彼を獄に訪ねました。そして、聖体拝領を行い、告解を聞きました。また、フランツに一冊の聖書を手渡しました。司祭が驚いたことに、フランツはこう言いました。「私は神と完全に一体です。ですから、私の神との合一を妨げるかもしれませんので、これ以上の拝読は必要ないでしょう。」フランツィスカに宛てた最後の手紙の中で、彼はこう述べています。「イエスのみ心、マリアのみ心、そして私の心は一つです。今もとこしえにも一つです。」

いったいだれがこれほど大胆なことを言えるでしょうか。私がオーストリアに向かう機中で読んだ、マザー・テレサの未公刊であった手記では、彼女でさえもこのような神との合一を感じたことはないとはっきりと証ししています。ほとんどの人が経験できないものです。けれども、フランツは味わいました。それは、神と神の平和の国を求める彼のたゆまない、心からの探求がもたらした到達点でした。それには、偶像崇拝、帝国、戦争に対する非暴力による抵抗と、祈りと礼拝、非暴力の愛に常に専心することの両者が要求されました。世界の暴力が悪化しているこのとき、フランツは歴史上最も偉大な聖人として現れるであろうと私は思っています。

フランツのことを知るどの司祭も牧師もチャプレンも司教も、妻子のことを考えてナチスのために戦うよう彼に助言しましたが、フランツが教会を見限ることはありませんでした。彼は一歩も引かず、悲しく思い、彼らのために祈りました。処刑の日、ヨッホマン神父はフランツに一人のオーストリア人神父、フランツ・ライニシュ師のことを聞かせました。彼は、その少し前、戦うことを拒否して処刑されていました。この知らせはフランツを大いに慰めました。（今日、私たちは約四千人の司祭がナチスによって殺されたことを知っています。）私たちは、フランツのように戦争と核兵器、愛国主義的帝国主義を支持する司祭や牧師、司教や枢機卿の一人一人を訪ねて、行動的な愛と非暴力の抵抗と確かな平和創造という福音的知恵へと回心させなければなりません。

フランツ・イェーガーシュテッターが新しい地平を拓いたのですから、私たちはこのことを単独で行う必要はありません。そうです。私たちは嫌がらせを受けるかもしれません。場合によっては、逮捕されたり、投獄されたりするかもしれません。けれども、フランツとは違って、私たちは一人ではないのです。私たちは平和と正義のための共同体に加わったり、グループを結成したりして、平和のために立ち上がり、互いに助け合い、国家の戦争と不正義に対して、一つとなって声を上げることができます。私たちは一緒に運動を起こし、スクール・オブ・アメリカズに対して、合衆国の対イラク戦争に対して、イランへの爆撃に対して、ロスアラモスでの核兵器製造に対してノーを言うことができるのです。そして、フランツのように、私たちもまた、イエス、マリア、平和の神とまったく一つとされる日まで、互いに励まし合って、福音的非暴力の神秘的な深みを探求することができるのです。

「私たちは、永遠の故郷に向けて努力し、良心を保つためにできることはすべて、全力でなさなければならない。」フランツは獄中でこう書きました。

「私たちは日ごとの悲しみに耐えなければならず、この世では、なしたことに対して少ししか報われないとしても、億万長者より豊かな者となりうるのである。――死を恐れる必要のない者はすべての中で最も豊かで、最も幸福である。そして、これら豊かな者たちはそのところで望むだけ与えられるのである。」

彼はまた、次のような見立てを示して、勇気を与えています。

「キリストと信仰のために命を差し出した英雄や殉教者たちが常にいた。いつの日にか目標に到達することを望むのであれば、私たちは信仰の英雄とならなくてはならない。」

こうも書いています。

「もし人々が他者に対していかなる復讐心をも抱かず、だれをも赦すのであれば、その者は心に平和を把持するであろう。――この世界にあって、心に平和を抱くことより他に麗しいことがあるだろうか。真の永続的な愛が今すぐ、この世界に注がれるよう共に神に祈ろう。」

ゴードン・ツァーンは *In Solitary Witness* の前書きの中でこう書いています。

「学ぶべき重要な教えは、状況がいかに希望なく、結果がいかに不毛に見えたとしても、キリスト者は絶望する必要がないということである。その代わり、キリスト者は自らの行動に対する道義的責任を引き受け、それを主張することができる。また、そうしなければならない。イェーガーシュテッターが書いているように、悪に対して個々人の証しを立てることによって、われわれが自らの魂を救い出し、そして恐らくは他者をも救うことは常に可能なのである。」

フランツ・イェーガーシュテッターは大きな挑戦を投げかけています。非暴力のイエスに文字通り自らの命を差し出そうとしているのか。イエスが示した、帝国に対する明確な抵抗を引き継ぐ用意があるのか。軍国主義との「非協力」を、家族や自らのキャリア、そして命を引き裂かれるところまで貫くのか。福者フランツとフランツィスカがそうであったほどに、イエスに急進的に従う勇気があるのか。

戦争と貧困と核兵器の廃絶には、これまでよりも自分の命を差し出すことが要求されています。すなわち、死の文化に対する姿勢として、この身を差し出して、神の平和の国と市民的不服従に信仰をもって服することが求められているのです。けれども、フランツとフランツィスカはその代価が祝福に満ちたものであることを証ししています。死は訪れるでしょうが、汚名はそそがれる――復活は来る――のです。

14 トマス・マートンの知恵

九・一一テロ攻撃の五周年記念日、それはガンディーが南アフリカでサティヤーグラハ（非暴力抵抗）を開始してから百周年の記念の日でしたが、私たち五十人はケンタッキー州ルイビルにあるトラピスト修道会ゲッセマネ修道院にあるトマス・マートンの隠修庵から、徒歩による六十マイル（約百キロメートル）の巡礼に出発しました。目的地はマートンの *Conjectures of a Guilty Bystander*（痛める傍観者の推測）に記されている、彼が啓示を受けたというあの名高いダウンタウンの交差点です。

マートンはこう書き記しています。

「ルイビルの四番街とウォールナット街の角の商店街のまん中で、私は、突然、ここの人びとのみんなを愛しているという気持でいっぱいになった。かれらは、私のものであり、私は、かれらのものであるという気持でいっぱいになった。私たちは、まったく名前も顔も知らない者であるが、異国の人ではないという気持でいっぱいになった。この気持は、分離という夢、つまり、自己放棄と見せかけの聖性という特別の世界の中で、自分をこの世から分離させている幻想の夢から目覚めたようなものであった。……みんな太陽のように輝きながら歩いているということを人びとに伝える方法がない。[33]」

マートンとガンディーの二人に敬意を表して、私たちは四番街とウォールナット通りの交差点だったところに集合して非暴力の誓いを告白しました。神の平和の国を目指して福音的非暴力の巡礼を生涯を通して歩き続ける、と決意したのです。

私は、イエズス会に入会した初年度の一九八二年にトマス・マートンを学び始めました。そして驚いたことに、マートンは長年にわたり私に語りかけています。暗黒の世界、マートンが想像しえなかったほどおかしくなってしまった世界にあって、私は彼の声が正気と理性、そして信仰、明晰さ、希望を伴って今なお鳴り響いていることに気づかされます。[34]

数年前、ある人が偉大な神学者であるディビッド・トレーシーに一つの質問を投げかけました。アメリカ合衆国における神学の将来はどのようなものか、と。彼は間髪入れずにこう答えました。「今後二百年間、われわれはマートンに追いつこうと努力することになるだろう。」

マートンは私の平和活動において常に北極星でした。彼は、私を宗教的生活に留めおき、教会の中に私を留めおいてくれました。正義と平和の道において、どの道を選んだらよいか私はしばしば悩むことがありました。ときおり、落ち込んでしまい、八方ふさがりになることもあります。けれども、私はいとおしさと共に思い出します。マートンがどのように自らのビジョンを言葉に表して、戦争と人種差別、核兵器に反対して書いたか。どのようにトラブルに直面したか。——いかに沈黙させられ、検閲され、出版が不許可となったか。それでも彼は変節することなく、信仰深くあり、自分にできることをなし、祈り、そして進み続けました。私は、彼のおかげで気を取り直します。彼はすべてを愛をもって耐えたのだ、と。そして、多くの人々が今なお彼を見ているのです。——彼の苦しみは実を結び続けている。そして私たち歩む者をその困難なきに立ち上がらせている。私は、トマス・マートンの教えと例示において四つの基本的教訓を見ることができると考えてきました。それらを以下に展開してみたいと思います。

レッスン1「非暴力の黙想者となる」

マートンはその生を祈りと黙想と神秘主義的信仰に置きました。けれども、ここで彼は反直感通り(counterintuitive Avenue)を下っていくのです。彼は黙想を実践しましたが、戦争や支配や帝国主義的拡大から逃避主義的に目をそらすためではなく、生ける神と交わりを保ち、平和のうちに互いに愛し合うところに向かう道を見いだすために黙想しました。

言うなれば、マートンはまず、非暴力の黙想者、神秘主義者となるよう招いているのです。黙想、瞑想、讃美、礼拝、交わりは私たちを平和の神の現臨へと連れていきます。それらは私たちにイエスの非暴力について教えます。言い換えるならば、霊的生活は黙想的非暴力と共に始まるのです。神は内的暴力に囚われている私たちの心を武装解除し、福音的非暴力の民へと変革させます。私たちは暴力と憎しみを去らせることを学びます。マートンはこの仕事を大変真剣に受け止め、同じことをなすよう私たちに求めているのです。黙想的非暴力を通して、私たちの内側の暴力と憎しみを神にゆだね、私たちを傷つけた一人一人に対して慈悲と赦しを差し出すこと、怒りと復讐心と暴力から共感と慈しみと非暴力へと移り変わることを、私たちは学ぶのです。その結果、私たちが政治的に探求している平和を個人として放射することができるのです。

「最大の問題はこの内的変化である」とマートンは書いています。「われわれすべてが魂の清さを深く追求する必要性に気づくという大きな責務を負っている。――言わば、聖霊によって支配されることを深く願い求めることである。」

一九六八年のアジア旅行の際、マートンはディビッド・スタインドル＝ラストに「カトリシズムの罠を超える唯一の道は仏教である」と語りかけました。さらに同じことを別の表現でも述べています。「私はできるだけ最良の仏教徒になろうと思う。そうすることで、私は良いカトリック教徒になりうるのだ。」それがマートンの黙想的生活の知恵というものです。すなわち仏教徒――豊かな共感と深き黙想的非暴力の心を持つ人々――のようになることで、私たちは私たちのキリスト教を、私たちの人間性を取り戻すことができるようになるのです。

それこそが、彼が死ぬ直前に、スリランカのポロンナルワで仏像を見たときに啓示を通して発見したことです。「すべては空白であり、すべてはあわれみである」[35]と彼は日記の中で告白しています。

また、これこそマートンがガンディーについて書いたときに意味していたことです。

「ガンディーの非暴力は、インドの民衆を解放することにおいてきわめて有益で効果的な単なる政治的方術なのではない。それとは対照的に、非暴力の霊は彼自身との霊的統合への内的気づきから湧き出たものである。ガンディーの非暴力行動とサティヤーグラハの概念全体は、すでに成就した内的統合の果実というよりも、統合を実現させる手段ととらえられてしまうのであれば、それは理解しがたいことである。」

マートンは続けます。

「非暴力において重要なことには、目には見えない黙想的真理である。現実の根源的真理は、われわれすべての者は一つであるということである。」

マートンは根源的真理を求めて人生を送りました。そして、世界が不明でいるにもかかわらず、同じことをなすよう私たちを招いています。黙想的、神秘的世界の暗さにもかかわらず、非暴力の内的深みを探査するよう求めています。そして、彼は私たちが非暴力の存在論を探求して、平和の光の中へと変容させられることを求めているのです。戦争文化の闇に囚われているすべての人を照らす灯台として。

レッスン２「非暴力の学徒、教師となる」

そのためには、非暴力の学徒、そして教師となるようにと、マートンは私たちを招きます。マートンはただ単に偉大な教師であったというのではありません。永遠の学徒でありました。常に学び、勉強し、非暴力の真理を把握するためのあらゆる知的支流を探求しました。

彼がガンディーを読み始めたのは一九五〇年代のことでした。そして、ダニエル・ベリガン、ドロシー・デイ、ＦＯＲやパックス・クリスティのメンバーたち、平和の作り手たちに接触しました。彼は自分が学んだことを教会や修道院、そして世界の事柄に適用させました。それこそ私たちがなすべきことだと思います。――非暴力という聖なる知恵を学び、勉強し、実践し、教えること、そしてあらゆる生活の領域にそれを適用させること、です。

マートンは暴力の無益性と核兵器の著しい偶像性――まさしく正気でないこと――について学び、非暴力という代替について教会に教え始めました。彼はノーベル平和賞などの受賞や人を改宗させることにはまったく興味ありませんでしたが、教会に向かって非暴力を教えることに助力すべきであり、そうすれば教会は新しい平和の教会になることを知っていました。一九六〇年代初頭、彼がこのことを始めたとき、ほとんどのアメリカのキリスト者の先の先を行っていました。彼は、他宗教や他文化を含む生活のあらゆる領域に非暴力を適用し、世界各地から平和の賜物を受けるようになりました。

マートンは日記の中で自らを「非暴力の教授」と呼んでおり、自分自身と自らが属する共同体、教会、そして世界に非暴力の授業を行おうと決断しています。彼はその著作を通して主流の諸教会に新しい地平を拓き、同じことをなすよう私たちを招いています。すなわち、いつの日か、平和の大いなる実りを得るであろうとの希望のうちに、生のあらゆる領域に非暴力を適用させることで前へ前へと鋤で起こしていくよう招いているのです。

レッスン３「非暴力の使徒となる」

マートンはまた、暴力の世界にあって非暴力の使徒となるよう、私たちを招いています。一九六一年に *The Catholic Worker* 誌のためにドロシー・デイと共に書いた有名な論文の中で、彼はこう宣言しています。

「この危機の時代におけるキリスト者の義務は、われわれのあらゆる力と知識を傾けて、われわれの信仰とキリストにあっての希望を傾けて、そして神と全人類への愛を傾けて、今日の世界において神がわれわれに課された責務を果たすことである。その責務とは戦争の全面的廃絶のために働くことである。戦争が廃絶されないかぎり、世界は狂気と絶望の状態に置かれ続けるであろう。そこでは、近代兵器の強大な破壊力のゆえに、破滅の危険性はこの瞬間、至る所で明らかであり、しかもその可能性は高いのである。教会は、困難な諸問題の解決に向かう道、国家間の、あるいは市民の間の紛争を解決させる手段としての戦争の漸進的廃絶に向かう道を導かなければならない。キリスト者は、戦争に対するたたかいのために持てる資源のすべてを傾けて、あらゆる可能な方法を積極的に用いなければならない。平和が説かれ、非暴力が解説され実践されるべきである。……このたたかいにおいては、われわれが成功することはないかもしれない。しかし、成功しようがしまいが、これが責務であることは明白である。」

今日、三十五もの戦争が行われています。そして、アメリカ合衆国はそのすべてに関わっています。国連によると、毎日約四万人が飢餓のゆえに死んでいるとのことです。二十億近い人々が貧困と窮状に苦しんでいます。つまり、私たちは戦争と飢餓を通して、多くの人々を殺している構造的、制度的暴力のただ中を生きているのです。

暴力の連鎖——銃、死刑執行、性差別、人種差別、女性と子どもに対する暴力、オゾン層や熱帯雨林の破壊、海洋汚染、数々の植物・動物の種の絶滅を含む環境破壊——はこの世界大のシステムから来ています。一九四五年八月六日、ヒロシマで十三万人、三日後にナガサキで七万人を超える人々を焼殺したとき、私たちは暴力依存の境界線を越えてしまいました。

今日、私たちは二万五千発の核兵器を所有し、それらを解体しようとの動きはほとんどありません。その代わりに、核兵器の予算を増額し、宇宙空間に放射性物質を拡散させ、私たちの核テロリズムによって世界を人質に取っているのです。(36)

神学者のジェームズ・ダグラスがいつか私にこう言ったことがあります。森の隠修庵に一人でいるトマス・マートンは一九六〇年代に他のどの平和活動家よりも平和のために働いた、と。彼は自らの才能、祈り、人とのつながりを用いて、非暴力を求める対話と希望に火を灯し続けました。同様に私たちも、どこにいようと、何をしていようと、平和と正義のための非暴力運動に関わる必要があると思うのです。すべてのことができる人などいません。けれども、私たちのだれもが、マートンのように何かしらのことができます。祈りを通してであれ、書くことを通してであれ、座り込み、デモンストレーション、チラシの配布、ポスター、あるいは市民的不服従を通してであれ。

マートンはその著書 *Peace in the Post-Christian Era*（ポスト・キリスト教時代における平和）の第一ページにおいて、この書物はオービス出版から出されるまで公表されていませんでしたが、こう書き記しています。「今ほど戦争に反対することが火急かつ必要である時代はなかった。宗教的抵抗が激しく求められた時代はなかった。」

だれもがパックス・クリスティのような、あるいは第三世界の責務の免責を求めて活動しているＯＮＥキャンペーンのようなグループに、あるいは教会の平和と正義のグループに参加すべきだと思います。スクール・オブ・アメリカズ（ＳＯＡ）の閉鎖を継続して要求する活動、ロスアラモスの解体を求める活動、アメリカのイラクでの戦争の停止を求めるさまざまなキャンペーンなどが挙げられます。私たちは戦争と貧困、核兵器を廃絶させるためには、そしてこの暴力的世界に向けて非暴力の使徒となる過程にあっては、世界の草の根の運動と連携していく必要があります。

レッスン４「非暴力の預言者となる」

最後に、マートンは私たちを非暴力の預言者となるよう招いています。

「私は自らの全人生を戦争と恐怖政治という犯罪と不正義への拒絶と抗議のものとなしたい。それらは、人類と世界を破壊する脅威を有するものである」とマートンは書きました。

「私は修道生活と誓願によって、あらゆる強制収容、砲撃・爆撃、やらせの政治裁判、殺人、人種的不正義、暴力、核兵器に対してノーと言い続ける。私がそうした諸力に対してノーと言うのであれば、それはまたこの世界と人類における良きものすべてに対してイエスと言うことでもある。」

マートンが声に出して平和を語ることによって、自らの生を戦争に対する拒絶となしたように、私たちもまた自らを自分たちの国の犯罪と不正義と、戦争と核兵器とに対する拒絶と抵抗となし、暴力の文化に抗する非暴力の預言者とならなければなりません。

マートンは戦争の文化を打ち破り、暴力の虚偽を退け、平和と非暴力という真理を語るよう私たちに教えています。一九六八年に彼は仲間のトラピスト会士ジャン・ルクレールにこう書き送っています。修道院の働きとは「生き残ることではなく預言することだ」と。——聖書的意味において、預言とは権力に対して真実を語ることであり、戦争の世に対して神の平和の言葉を語ることであり、暴力という反・神の国に対して神の非暴力の国について語ることです。それこそ私たちの責務でもあるのです。——生き残りではなく預言です。
「もし人が耳や目を開いて預言書を読むならば」マートンは一九六二年にダニエル・ベリガンに宛てて書いています。「神の意思、神の真理、神の正義について大声で呼ばわるというわれわれの責務を認識しないではおられないであろう。」

今日の世界で起きているあらゆることについて、マートンは語るべき何かしらのことを持っていると私は確信しています。ベトナム戦争や核兵器、人種差別を糾弾したのとまったく同じように、彼はアメリカ合衆国による対イラク爆撃や制裁、占領を、全面的な破壊、惨事、霊的敗北として非難するだろうと思います。イラクは解放された国ではありません。占領された国であり、私たちは帝国主義的、軍事的占領者です。イラクには代議制民主主義はなく、私たちにはそれを創設する意図もないのです。私たちには恐るべき戦争に反対して声を上げるマートンの勇気が必要です。そして、ただちにアメリカの戦争を終わらせ、イラクの占領を止めるよう要求し、アメリカのすべての部隊を直ちに撤退させ、イラクの姉妹たち兄弟たちへの賠償を行い、癒しをもたらす非暴力で紛争を解決する国連プログラムを求める勇気が必要なのです。

けれども、トマス・マートンのような真の非暴力の預言者となるべきだと言うのなら、私たちはあらゆる形の組織的暴力に対して声を上げなければなりません。次のような、人の支持を得にくいことを声に出さなければなりません。すなわち、パレスチナ人への抑圧を止めさせること。

イスラエルとパレスチナの非暴力の平和の作り手たち、シャーロームというユダヤ教的ビジョン、パレスチナ人の人権を支持すること。コロンビアに対する軍事支援と戦闘行為を止めること。平和と正義の活動家たちへの監視をやめさせること。グアンタナモ基地とアメリカ合衆国のすべての対テロ訓練キャンプ、まずはフォート・ベニングの悪名高い「スクール・オブ・アサシンズ」（「スクール・オブ・アメリカズ＝SOA」のもじり）を閉鎖すること。CIA（中央情報局）、NSA（国家安全保障局）、FBI（連邦捜査局）、そしてペンタゴン（国防総省）を閉鎖すること。世界貿易機構（WTO）からの脱退。第三世界の全債務の帳消し。HIV／AIDS感染者のすべてに無料で薬を配布すること。死刑を廃止すること。すべての移民、外国人で住民登録されていない者を受け入れること。ニューオリンズとその堤防を再建し、ハリケーンの被災者を支援すること。ホームレスに住居を提供すること。包括的ヘルスケアを提供すること。この惑星のすべての学校で非暴力教育を行えるよう資金提供すること。選挙の不正操作をやめさせること。全面的核兵器禁止条約を推進すること。国際司法裁判所に加盟すること[37]。国際法に従うこと。京都議定書に署名すること[38]。化石燃料の代替エネルギーに資金提供すること。地球の温暖化を止めること。スターウォーズ計画から撤退すること。ロスアラモス核実験場を閉鎖すること。軍事予算の全体を削減させること。すべての核兵器と大量破壊兵器を一つ残らず廃棄すること。そして、この地球上のすべての飢えている子どもと難民のための地球規模のマーシャルプランを実行し、恒久平和をもたらすためにその数千億ドルを支出すること。

マートンはエゼキエルや古の預言者たちのように私たちに教えています。その声が聞かれようが聞かれまいが、受け入れられようが受け入れられまいが、私たちの召命は平和という真理を語り、戦争の文化に対して平和の神の声を語る預言者的民となるように、と。

「私は火に焼かれ、爆撃され、粉々に吹き飛ばされ、拷問を受け、捕虜となり、ガス室に入れられ、殲滅される人々の側に立つ」と、マートンは一九六〇年代に書き記しました。

「その人々は両サイドの犠牲者である。強大な力を持つ側に与することは、罪なき人々の反対側に立つことである。私が選ぶのは、戦争に疲れ果てつつ平和を望む人々の側である。自分の人生と国と世界とを再建しようと願う人々の側である。」

またマートンは友人のエタ・ガリックに一九六〇年代にこう書き送っています。

「核戦争の問題については、真剣かつ明確な態度を取ることが、きわめて重要である。すなわち、核戦争に反対するということである。この問題に関しては、あまりにも多くのキリスト者が受け身であり、無関心であり、まとまりなく、さらに最悪なことに、多くの教会のスポークスマンがまるで交戦状態にあることが、ますますキリスト教世界の歴史におけるおぞましい躓きになっている。」

マートンは非暴力のキリスト教的根拠に焦点を当てて展開した論考「柔和な人は幸い」(39)を、希望について語ることで締めくくっています。すなわち、私たちの平和と正義のための働きは結果を求める希望、あるいは暴力という誤った信念、あるいはこの世の偽りの安全保障に基づくものではない。そうではなく、それはキリストに基づく、と。私たちの希望は、平和の神の中に、イエスの復活の中にあるのです。

マートンは私に希望を与えてくれます。非暴力と平和の神との交わりの黙想者、神秘家となるという希望。暴力の文化に向かって非暴力という知恵を伝えるという希望。無関心の世にあって行動的非暴力を完成するという希望。戦争と核兵器にまみれた世界の中で預言者的に希望について語るという希望。平和のビジョン、戦争のない新しい世界というビジョンを掲げ続けるという希望を与えてくれています。

ダニエル・ベリガンに宛てた数ある手紙の中の一つで、マートンは次のような励ましの言葉を記しています。

「あなたは端的に言って、良きことを静かになそうと、真理を語ろうとしています。あなたがなしていることは、実際、この国の中核に深い変革をもたらす基礎を築くということです。そのことはいつの日か、平和な世界のためにわれわれが必要とするメタノイアをもたらすことでしょう。ですから、落胆しないでください。自分にいらだたないでください。聖霊は眠ってはいません。顔を上げてください。」

これは私たちが試練をくぐるときの良きアドバイスです。落胆しないで。絶望しないで。怖れないで。無気力に陥らないで。そしてあきらめないで。福音的非暴力の黙想者、学徒、教師、使徒、そして預言者となろう。マートンが中断したところから再び始めよう。マートンがそうしたように深みに入ろう。そして、マートンを手本として、教会と世界を創造的で麗しい非暴力の共同体へと変革していこう。

15 サンタフェ・ナイン(40)

「私たちは、イラクに対するアメリカ合衆国の戦争をやめさせる全米行動の一環としてまいりました。ピート・ドメニチ上院議員に『平和宣言』に署名していただきたいのですが」とサンタフェ連邦ビルの警備員に告げました。「ドメニチ議員が今日かぎりで、この非倫理的で邪悪な戦争を終わらせて、部隊を故郷に帰らせ、中東での賠償と非暴力的解決のために尽力するとの約束をいただくために、私たちは来ております。」

それは二〇〇六年九月二十六日のことでした。警備員は信じられない、といった目で私たちを見ました。と言うのも、ニューメキシコ州選出の上院議員がブッシュ政権の最大の支持者であり、歴史上最強の核兵器擁護者であることを彼らは知っていたからです。私たちも知っていました。私たちのグループのメンバーが彼に書簡を送り、イラク戦争に反対するよう要請したところ、戦争を強力に支持するとぶち上げた、大法螺に満ちた返書を寄こしたからです。そこで私たちは平和のために立ち上がろう、あるいはより明確に言うと、平和のために座り込もうと決することでお返しをしたわけです。

それは全国行動の一部をなすものでした。その週、ブッシュ政権の対イラク戦争に反対する三百七十五もの行動が起こされました。「平和宣言」に署名した数千人が、ブッシュのイラク戦争に反対票を投じるよう下院議員に圧力を加えることを誓い合いました。ホワイト・ハウスからロサンジェルスの連邦ビルまで、市民的不服従行動によって二百五十人以上が逮捕されました。そのことをニューヨーク・タイムズ紙で読んだ人はだれもいませんでしたが、それは実際に起きたことであり、新しい希望を生み出しました。全米で民主党の候補者をして戦争に反対するスピーチを行うことに寄与し、二〇〇六年十一月の下院選挙の潮目を変えたと私は思っています。

私たち自身の行動は穏当で素晴らしいものでした。地方警察によれば、過去三十五年間で初めて、サンタフェは市民的不服従を目撃したのです。私たち九人は連邦ビルに入って要請を行いました。その場で断られましたが、そのまま歩いて、警察が行く手を防ぐまでエレベーターに向かって行きました。警察官たちはエレベーターのスイッチを切ってしまいました。ドアが開いたまま、私たちはその中で抗議を続けました。

その週の何日か前、私はホームページをあちこち検索して、過去数年間にイラクで殺されたアメリカ軍兵士と、同じく殺された数万の無垢のイラク一般人の氏名を打ち出していました。そこで私たちは、ドアが開いたままのエレベーターの中でそれらの名前を、初めはアメリカ兵のリストから、次にはイラク人のリスト、そして以降は交互にというやり方で、大声で読み上げ始めました。私たちの声は、ほどなくして警察がロビーを閉鎖するまで響き渡りました。

亡くなった人たちのおびただしい数の名前は胸を掻き乱しました。何人かがむせび泣きました。名前がとどめなく読み上げられる間、私たち全員は無言の祈りに頭を垂れていました。――反道徳的で不法、かつ必要のない戦争によってむざむざ犠牲となり、残虐にも殺された人々の尊い名前。厳粛な時でした。哀歌でした。イラクの石油を追い求めた先の結果に対する、凍るように厳しい注視。朗読は六時間続きました。

エレベーターの床の上にぎゅう詰め状態の私たち九人は、それぞれの人生の歩みの中から集っていました。――十五歳の学生、退職図書館員、ラディカル・フェミニスト数人、障がいをもった高齢者。私たち全員が平和のために抵抗を示そうとしていました。

すぐそばには大勢のサンタフェ警察の部隊とＦＢＩ、ＳＷＡＴチーム、連邦保安官、国土安全保障局職員が集合し、私たちの連祷を見つめながら待機していました。私たちは一歩も引くことなく読み続けました。外では数十人が祈りながら座り込み、メディアが飛び回り、いらついた政治家たちが見て見ぬふりして通っていきました。最終的に、それは五時ごろのことでしたが、国土安全保障局員がビルの中に入ってきて、私たちを連れ出し、召喚状を切りました。一年後、私たちは法廷に立ち、有罪とされました。私は六か月の保護観察処分となりました。

間違いなく小さな行動。無駄としか思えないものでも、私たちがなしたような行動が私たちの国の歴史をまったく異なったものにしてきました。奴隷制廃止論者や女性参政権論者から労働権、公民権運動家、反戦活動家に至るまで、またボストン・ティー・パーティーからローザ・パークス、ベリガン兄弟に至るまでの善良な人々が一線を踏み越えて法を破り、正義と平和のために危険を冒すとき、変革は起きる。そのことを歴史は示してきました。換言すれば、復活の神秘に加わるとき、組織的・制度的不正義に非暴力で抗するという十字架を担うとき、突破が起きるのです。

永続的戦争というポスト・モダン、ポスト・クリスチャン時代のオーウェル的悪夢に今や入った、と私は認識しています。私たちは戦争を擁護する大統領を持ち、戦争のためには金額が未記入の小切手を切る議会、進軍ラッパを吹き鳴らす興奮状態のメディア、そして戦争のために自分で自分の毛を刈って差し出す羊のような市民たち、戦争に喜んで祝福を与える教会、武器を合法化し戦争にノーを言う者を投獄する裁判所を有しているのです。私たちの戦争は単に永続的であるばかりか、ユニバーサルなものです。――すなわち、貧しい人々に対して、子どもたちに対して、地球に対して、人類に対して、神に対して戦争をしかけているのです。

けれども、不満を言っているだけではだめです。それは真にキリスト者的対応とは言えません。戦争という高波に対するキリスト者的対応は平和の対抗的うねりを起こすこと。平和の作り手たち、非暴力の抵抗者たちのうねりを起こすことです。私たち全員が立ち上がる必要があります。公共の場での何らかの行動に加わり、地域の平和グループに関わり、声を上げ、場合によっては座り込む必要があります。現状維持で一致している全体の一角が一つ一つの平和行動によって崩され、希望が再起するのです。そして、私たちは非暴力のイエスの弟子であることを、身をもって示すのです。

平和のために座り込み、立ち上がることのすべては、イエスに源があります。私はそのことを *The Sacrament of Civil Disobedience*（『市民的不服従という秘蹟』）の中で書きました。イエスは「犯罪の急増」を引き起こす単独犯でした。彼は正義と平等を熱意をもって追い求め、数十もの非暴力による市民的不服従行動を起こされました。そうしたものの最後——神殿で不正義のテーブルをひっくり返し、黙想の祈りを呼びかけた行動——は、劇的で象徴的な非暴力行動の代表例です。——それは鮮烈かつ痛烈、そして的のど真ん中に命中するような振る舞い、ユダヤとローマの帝国勢力の中心を射抜くような行動でした。彼に自ら命を支払わせる行為でした。

イエスの事例は今日も真実を告げています。つぎ込むということはキリスト者のなすべき要の部分です。私たちは戦争の帝国に対する非暴力抵抗という十字架を担い、その結末を引き受けるべく招かれた者です。なぜなら、私たちが従っている方は、逮捕され、牢獄に押し込まれ、拷問を受け、最後には処刑された方だからです。彼に従う者の道、危険を伴う大胆な非暴力の道とはそのような道なのです。

戦争と貧困と核兵器の時代、私たちは自らの創造的非暴力行動を通して、リスクを負わなければなりません。戦争が終わり、貧困が解消し、核兵器が廃絶されるまで、そのことを続けなければなりません。私たちは平和の道を歩み続けていかなければならないのです。(41)

訳者あとがき

本書は、アメリカ合衆国のカトリック司祭ジョン・ディア（John Dear）による *Put Down Your Sword, Answering the Gospel Call to Creative Nonviolence*, Wm. B. Eerdmans, 2008. の抄訳です。全二十七章のうち、序にあるように、イエスの非暴力についての黙想と、ディア自身と現代世界に大きな影響を与えてきた平和の使者たちについての随想の十五章を訳出しました。[42]

南アフリカのデズモンド・ツツ大主教は、二〇〇八年のノーベル平和賞の候補者としてジョン・ディアを推薦して、次のように書いています。

「ジョン・ディアは平和を作り出す人の具現である。その行動と著作において、そして数々の説教やスピーチ、デモンストレーションなどを通して模範となった。平和とは何か静的なものではなく、平和を作り出すことは心と体と魂を尽くして行うものである、と彼は信じている。彼の教えは、あなた自身を愛せよ、あなたの隣人を、あなたの敵を愛せよ、世界を愛せよということであり、そうしたことを行う際の重い責任を自覚せよ、ということである。彼は信念に従って言動を行う勇気の人であり、戦争と武器の生産に反対し、暴力によってだれかの身に危険が及ぶようないかなる事態にも反対して声を上げ、行動する人である。悪がはびこるためには、善良な人が第三者的なところにいて何もしないことだけで十分である。ジョン・ディアは、自己中心性と強欲によって引き起こされる人間の苦しみに対して立ち上がって責任を負うよう、私たちすべてに挑戦しているのである。[43]」

ジョン・ディアは、現代のアメリカ合衆国にあって最も活動的な平和活動・思想家の一人です。彼は一九五九年アメリカ合衆国ノース・カロライナ州に生まれました。一九八一年に同州にあるデューク大学を卒業すると、イエズス会に入会し、その後一九九三年に司祭に叙階されました。また、カリフォルニア州にある神学院連合（ＧＴＵ）から二つの神学修士号を受け、ニューヨークにあるフォーダム大学で神学を教えたこともあります。

何よりも彼は、三十年にわたって世界中の人々にイエスの福音について、非暴力の道について、平和を作り出すようにとの召命について語ってきた人です。アメリカ合衆国の最大の多宗教からなる平和団体であるＦＯＲの幹事として奉仕し、二〇〇一年九月十一日の「世界貿易センタービルへの攻撃」直後には、赤十字ファミリー・アシスタンス・センターのコーディネーターとして犠牲者の家族や親戚、救助隊員たちのカウンセリングにあたりました。また、ホームレスのためのシェルターやスープ・キッチン、コミュニティ・センターで働き、イラク、パレスチナ、ニカラグア、アフガニスタン、コロンビアといった戦闘地域を旅し、エルサルバドル、グアテマラ、北アイルランドで生活したこともあります。戦争に反対する市民的不服従行動によって七十五回以上の逮捕歴があり、「鋤武装解除行動」によって八か月投獄されました。一九九〇年代には、死刑執行の停止を求めて、関係する州知事とマザー・テレサが電話で話すよう何度かアレンジしました。マザー・テレサも死刑には反対でした。

彼の三十冊近い著作の中には、*Living Peace, The Nonviolent Life, Lazarus Come Forth, The God of Peace, Jesus the Rebel, Disarming the Heart* などがあり、その中で彼は平和を求める霊性を呼びかけています。すなわち、イエスの「隣人愛の教え」に基づいて、自分自身に向けての非暴力、他者・隣人に向けての非暴力、そして世界大の非暴力という多層的な非暴力の霊性を説きながら、日毎の黙想と祈りへと読者を招いています。また、彼が編集したものには、ヘンリ・ナウエンの *The Road to Peace: Writings on Peace and Justice*（邦訳『平和への道』廣戸直江訳、聖公会出版、二〇〇二年。この中でディアは、ナウエンの生涯と平和の霊性、そして現代世界に対するチャレンジについて長文の「序文」を書いている）や *Mohandas Gandhi: Essential Writings* などがあります。ジョン・ディアは現在、カリフォルニア州モントレー教区所属であり、ニューメキシコ州北部に住みながら、Pace e Bene や www.campaignnonviolence.org のスタッフを務めています（彼自身のホームページは www.johndear.org）。

すでに述べたように、ディア神父は、数多くの非暴力直接行動／市民的不服従行動を行ってきました。本書でも、セイモア・ジョンソン空軍基地での「鋤武装解除行動」（一九九三年）や「サンタフェ・ナイン」（二〇〇六年）について述べられていますが、ここでは彼が取り組んだものの中で最も強い印象を与えた「鋤武装解除行動」について紹介したいと思います。(44)

一九九三年十二月七日（真珠湾記念日）のこと、ジョン・ディアと友人三人、すなわちフィリップ・ベリガン、ブルース・フリードリヒ、リン・フリドリクソンは、ノース・カロライナ州ゴールズボロにあるセイモア・ジョンソン空軍基地の中に歩いて入っていきました。そして、核兵器搭載可能なF15－E戦闘機をハンマーで叩くという「預言者的象徴行動」を行ったのです。「剣を打ち直して鋤とする」「もはや戦うことを学ばない」という預言者イザヤとミカのビジョンを具体化するためでした。

F15－Eは湾岸戦争に投入された兵器であり、一九九一年二月十三日（灰の水曜日）に、バグダッドのアメリーヤ・シェルターに二つのスマート爆弾を投下し、千二百人もの女性や子どもたちを殺した爆撃機です。また湾岸戦争末期、クウェートからバスラに向かって敗走する数千のイラク兵を攻撃するために用いられ、そこは「死のハイウェー」として知られるようになりました。

四人は、その場でマシンガンを構えた兵士たちに顔を地面に押しつけられて逮捕され、拘置所に入れられました。政府財産の破損と重犯罪共謀のかどで起訴され、有罪判決を受けました。ディアはベリガンとフリードリヒと共に、一九九三年十二月七日から一九九四年七月二十二日までの八か月半、エデントン郡刑務所に収監され、フリドリクソンもエリザベス市刑務所の女性房に収監されました。

監房にあってなお、ディアは武装解除行動とその行動へと自分たちを招いた平和の神について黙想しました。また、友人たちと時間を割いて聖書を学び、ユーカリストを分かち合い、手紙を書き、他の収監者と会話を交わしました。内外の友人たちの助力を得て、拘禁という試練のときを耐え、武装解除行動についての確信と希望を深めました。平和の神は今すぐに武装を解き、戦争を永久に廃絶するよう世界の国々に呼びかけている。私たちが平和な未来を望むのであれば、より多くの人々が非暴力的市民的不服従行動を起こすべきだ、との確信を得たと述懐しています。

ここで、裁判のエピソードを一つ記したいと思います。このことには、挑戦の日々にあって彼がユーモア精神を保ち続けたことが証しされています。裁判のある時点で、彼はフィリップ・べリガンに関する証言を求められました。前合衆国連邦検事総長のラムゼイ・クラークがこう尋問しました。「一九九三年十二月七日、フィリップ・べリガンは何をしたのか。あなたは何を見たのか。」「私はフィリップ・べリガンが命と平和と人類愛のために立ち上がるのを見ました。……戦争という大量殺人を止めて平和という正気に私たちを戻そうとするところを見ました。剣を打ち直して鋤とせよとの神の戒命を守ることに懸命であるところを目撃しました。」

検事はたたみかけます。「だれが車を運転していたのか。（Who drove the car?）」「共謀者」を聞き出して、訴追しようとしていることは明白です。「はい、セイモア・ジョンソン空軍基地にだれが運転して行ったか（who drove us）明らかにいたしましょう。……私は真実を語りたいと思います。私たちは事実、セイモア・ジョンソン空軍基地に駆り立てられた（we were driven to）のです。聖霊によって。」法廷は弾けました。判事は木槌を連打して怒鳴りつけ、検事はわめき散らし、傍聴人は大喝采しました。ディアは法廷から引きずり出され、証言は記録から削除されたと言います。

ディアは、この「鋤武装解除行動」についてこう総括しています。「振り返って見るとき、恐るべき困難が私たちをどのように浄化し、平和の聖霊へと導くかを見せていただきました。平和を求める祈りは、私たちの象徴行為においてのみならず、その後のノース・カロライナ州および全米の公共の場での議論においても、また牢獄とその日々を耐え忍ぶために与えられた励ましの中で経験した恵みにおいても、実を結んだのです。私は望みます。祈り、信仰、非暴力行動が文化の限界、国家の限界を超えて、非暴力の愛の地平へと、そして平和の神へと押し出してくれることを。(45)」

最後に、新教出版社の小林望氏は昨今の出版事情にもかかわらず、この出版を可能にしてくださいました。小林氏の助言と協力なくしては、本訳書は実現しなかったでしょう。また、パス小玉展子さんは訳文を丁寧に校正してくださいました。日本基督教団蘇原教会（岐阜県白川町）と愛北教会（愛知県扶桑町）を兼務する日高伴子牧師は草稿を見てくださり、読みやすいものとなるようアドバイスくださいました。深く感謝申し上げます。

本書を、沖縄をはじめとする日本全国で反戦、反核・反原発の非暴力行動に取り組んでいる仲間たちに、そして野宿労働者の健康相談と高齢者の看護に長年取り組んできた訳者の妹・志村満子にささげます。

注

（1）「ゲッセマネ大修道院」（The Abbey of Our Lady of Gethsemani）ケンタッキー州ネルソン郡にあるトラピスト修道院。創立は一八四八年で、現在も使用されている修道院としてはアメリカ最古と言われている。平和思想家・修道士トマス・マートンが母修道院としたことで知られる。広大な農園を持ち、チーズやケーキなどを製造・販売している。

（2）Dorothy Day（1987〜1980）ニューヨーク市生まれのジャーナリスト、社会・平和活動家。カトリック労働者運動の中核を担い、一九九三年に *The Catholic Worker* を共同創刊し、労働者の権利を擁護すると共に、後に「正戦論」に反対する平和主義を掲げた。また、ニューヨークに House of Hospitality を設立して、民衆のニーズに応える「ハウス」（単なるシェルターではなく）を提供。こうしたハウスは全米に広がった。彼女の生涯と霊性については、木鎌安雄『アメリカのカトリック』（聖母文庫、二〇〇〇年）を見よ。

（3）Ita Ford（1940～1980）ニューヨーク市出身の、メリノール女子修道会シスター。ボリビア、チリ、エルサルバドルに派遣され、貧しい人々や国内難民に仕えた。一九八〇年十二月二日、同僚シスターのドロシー・ガゼル、マウラ・クラーク、ジャン・ドノバンと共にエルサルバドル軍の兵士によって暴力的に凌辱され殺害された。

（4）Dorothy M. Stang（1931～2005）オハイオ州出身のナミュール・ノートルダム修道女会シスター。一九六六年からブラジルで宣教を開始し、貧しい人々とアマゾンの環境保護のための活動を行った。ブラジル国籍を取得。二〇〇五年二月十二日、アマゾン流域のペラ州アナプにて殺害された。

（5）Daniel J. Berrigan（1921～2016）ミネソタ州出身のカトリック司祭（イエズス会）、詩人、平和活動家。一九五七年にシラキュース大学新約学教授、コーネル大学を経て一九六七年よりウッドストック・カレッジで教えた。一九六五年にリチャード・ジョン・ニューハウス牧師、ラビ・アブラハム・ヘシェルらと「ベトナム戦争に憂慮する教職者と信徒の会（CALCAV）」を結成して、ベトナム戦争に反対する活動を展開した。彼を有名にしたのは、一九六八年の「ケイトンズビルの九人」（訳注18参照）である。一九八〇年、ダニエルは弟フィリップとその他六人（いわゆる「プラウシェアーズの八人」）と共に「鋤運動（Plowshares Movement）」を開始して、核兵器基地や製造工場に入っていって、ミサイルを叩いたり血をかけたりなどの預言者的象徴行動を行った。一九八〇年代のラテン・アメリカ、一九九〇年代の湾岸戦争、旧ユーゴスラビアでの戦争、二〇〇〇年代以降のアフガニスタン、イラクでの戦争に一貫して反対し、市民的不服従行動を行った。また、ＨＩＶ患者の司牧活動にも尽力した。

（6）Richard Rohr（1943～）カンザス州出身のカトリック司祭、著述・講演家。一九六一年にフランシスコ修道会に入会し、一九七〇年に叙階。一九八六年、ニューメキシコ州アルバカーキでCenter for Action and Contemplationを設立して、黙想とコミュニティ・ビルディング、平和と正義などの社会問題、エコ・スピリチュアリティの統合を目指している。

（7）「私は山頂に登ってきた」『私には夢がある　M．L．キング説教・講演集』梶原寿監訳、新教出版社、二〇〇三年、二三一～二三二ページ。

（8）『黒人の進む道』猿谷要訳、サイマル出版、一九六八年、六六ページ。

（9）*Young India,* 一九二二年三月二十三日付け。

（10）Rosa L. M. Parks（1913～2005）アラバマ州出身の公民権活動家。かねてからＮＡＡＣＰ（全米黒人向上協会）の会員として活動していたパークスは、一九五五年十二月一日、モンゴメリー市の公共バスの人種差別的乗車ルールに抗って、白人に座席を譲るようにとの運転手の指示に従わず逮捕され、後に有罪とされるが上告した。このことに抗議して、モンゴメリーの黒人たちがバスのボイコットを行い（「モンゴメリー・バス・ボイコット運動」同月五日～一九五六年十二月二十日）、連邦最高裁での違憲判決を勝ち取った。パークスはこの間、度重なる脅迫を受け、職場を解雇された。一九五七年にデトロイトに転居し、公民権運動に関わり続け、Rosa and Raymond Parks Institute for Self Development を設立して、人権教育にも取り組んだ。「公民権運動の母」と呼ばれている。

(11) キング、前掲書、一七九～一八〇ページ。

(12) 同書、一二四～一二六ページ。

(13) カーソン、ホロラン編『真夜中に戸をたたく　キング牧師説教集』梶原寿訳、日本キリスト教団出版局、二〇〇七年、一〇二～一〇三ページ。

(14) Jane Addams（1860～1935）イリノイ州出身の社会福祉・セツルメント運動家、平和運動家。イギリスのトインビー・ホールをモデルとする、アメリカ初のセツルメントであるハル・ハウスをシカゴに設立し（一八八九年）、住宅改良、児童福祉、人種・移民問題、公衆衛生に献身的に取り組んだ。「ソーシャルワークの母」と呼ばれている。一九三一年に、「平和と自由のための女性連盟」の指導と社会変革活動によってノーベル平和賞を受賞。

(15) Fannie Lou Hamer（1917～1979）ミシシッピー州出身の公民権活動家。一九六一年に白人医師による不同意の手術によって不妊となる。これは黒人人口を抑制するために行われていた悪質な差別行為であった。一九六二年より選挙人登録運動を開始。逮捕・暴行、解雇などの抑圧を受けるも屈することなく運動を継続させた。ヘイマーについては、J.M.バーダマン『黒人差別とアメリカ公民権運動』集英社新書、二〇〇七年、二〇一～二〇六ページを参照せよ。

(16) カリフォルニア州にあるアメリカ最大のワイン会社E&Jガロのこと。

(17) アメリカのスーパーマーケット・チェーンで、規模としては国内二位、カナダを含めて千七百店舗を有する。

(18) キング牧師が暗殺された一九六八年四月四日の直後の五月十七日、アメリカ東部メリーランド州のケイトンズビルの徴兵局を七人の男性と二人の女性が訪れた。ダニエル・ベリガン神父（訳注5参照）とその弟フィリップ・ベリガン神父（一九七二年に司祭職を離れる。一九二三～二〇〇二。本書5章を参照）、美術家のトーマス・ルイス（一九四〇～二〇〇八）をはじめとする九人は、ベトナム戦争に反対する「非暴力直接行動」として、徴兵局に保管してあった徴兵書類三七八通を持ち出し、駐車場で手製の「ナパーム」（ベトナム戦争で米軍が用いた焼夷弾の成分）を振りかけて焼いた。九人は逮捕され、ダニエルは懲役三年、フィリップは三年半の有罪判決を受けた。この出来事は、アメリカの非暴力主義的抵抗運動の象徴として知られており、ダニエル・ベリガンは後に、裁判についての戯曲 *The Trial of the Catonsville Nine* を執筆、映画化もされた（邦訳は、『ケイトンズヴィル事件の九人』有吉佐和子他訳、一九七二年、新潮社）。その前年の一九六七年十月十七日、フィリップ・ベリガンとトム・ルイス、さらに教師であったディビッド・エバーハート、米国合同教会牧師ジェームズ・メンゲルは、同じくメリーランド州のボルティモアの選抜徴兵局を訪れ、ベトナム戦争で流されている「血」を象徴させて、選抜書類に自分たちの血を振りかけて逮捕され、六年の懲役刑を受けた。これが「ボルティモアの四人」として知られるようになった。ケイトンズビルの行動は、彼らが仮釈放された後、起こしたものである。

（19）スペイン語圏の都市の低所得者層の居住区のこと。

（20）Stanley F. Rother（1935～1981）オクラホマ州出身のカトリック司祭。一九六八年にグアテマラに赴任し、現地語ツトゥヒル語を習得。内戦下にありながら、農業、識字教育、ラジオ放送に取り組むなど先住民の共同体に仕えた。一九八一年七月二十八日に殺害された。準軍組織の関与が疑われている。二〇一七年に列福された。

(21) パックス・クリスティ(Pax Christi International) 一九四五年にフランスとドイツの和解を願って設立された、世界規模のカトリック平和・人権団体。現在では、世界五十か国以上の百二十団体で構成されている。各国では全国規模と地方規模の活動が「パックス・クリスティ」の名称で展開されており、加えて独自の名称を持つ関係団体もある。

(22) Thomas John Gumbleton (1930〜) デトロイト出身のカトリック司祭。デトロイト大司教区引退補佐司教。一九七二年、パックス・クリスティUSAを共同で設立して議長を長く務め、平和のための発言を続けている。数多くの市民的不服従行動に参加してきたガンブルトンは一九九九年、イラクでの戦争に反対してホワイト・ハウス前で抗議行動を行い、合同メソジスト教会のC・ジョセフ・スプラーグ、ラビ・アーサー・ワスコー、マイレッド・コリガン・マグワイアー、ジョディ・ウィリアムズらと共に逮捕された。また、彼は同性愛についての共感的発言で知られている。

(23) Brian Willson (1941〜) ニューヨーク州出身の退役軍人、法律家、平和活動家。ベトナム戦争に従軍後、PTSDに苦しみつつも、退役軍人として反戦活動を行うようになる。一九八七年九月一日、コントラ戦争のために中央アメリカに送る武器を乗せた列車を止めようと線路上に身を横たえたところ、止まるなとの指示を受けた列車に轢かれ、両足の膝から下を失い、頭部にも大けがを負った。その後、治療を続けながら平和・講演活動を継続させている。

(24) Davida E. Coady（1938～2018）カリフォルニア州出身の医師、平和活動家。アメリカ合衆国と発展途上国の貧しい人々、とりわけ子どものための保健・医療活動を行い、訪問国は三十五を数えた。特に、ビアフラ、バングラデシュ、タイ、ウガンダ、エチオピア、ホンデュラスでは難民のための医療プログラムに尽力した。また、虐待や暴力の被害者の治療・支援を行った。

(25) Martin Sheen（1940～）オハイオ州出身の俳優、平和活動家。『地獄の黙示録』（一九七九年）、『ウォール街』（一九八七年）などに出演。TVドラマ『ザ・ホワイト・ハウス』（一九九九年～二〇〇六年）によって全米映画俳優組合賞男優賞受賞（二〇〇〇年、二〇〇一年）。反戦・反核の市民的不服従により七十回近い逮捕歴がある。

(26) Joe Cosgrove（1957～）ペンシルバニア州出身の俳優。マーティン・シーン主演のTVドラマ『ザ・ホワイト・ハウス』に出演した。

(27) アメリカ合衆国カリフォルニア州リバモアにある、エネルギー省に所属する研究所。一九五二年に核兵器の研究開発を目的として設立された。現在の研究領域は多岐にわたっているが、レーザー核融合や過去の核実験のデータ管理を行っている。

（28）William Sloane Coffin（1924～2006）ニューヨーク出身の牧師、平和活動家。長老教会で按手を受け、後に米国合同教会に移った。一九六〇年代にはイェール大学のチャプレンとして公民権運動に関わり、フリーダム・ライド運動に学生の多くを導いた。ベトナム戦争に反対する活動を続け、一九七七年にリバーサイド教会の牧師に就任すると、教会を舞台に反核運動を展開し、同性愛者の権利擁護にも取り組んだ。一九八七年に教会を引退すると、平和運動に専心した。

（29）敬愛する（dear）と著者の苗字（Dear）とをかけた表現と思われる。

（30）John Brown（1800～1859）アメリカの奴隷制度廃止活動家。武力による奴隷制廃止を提唱したため、処刑された。

（31）ジョージタウン大学はワシントンD. C. にあるカトリック系の大学。ディアは同じ「ヒドゥン・アイビー」でもデューク大学卒業である。

（32）「友和会（Fellowship of Reconciliation）」一九一四年に、ルター派のドイツ人フリードリヒ・ジグモンド＝シュルツェと、フレンド派のイギリス人ヘンリー・オジキンによって「We are one in Christ and can never be at war.」との思いで設立されたキリスト教系の国際的平和団体。第一次世界大戦下では、迫害にもかかわらず兵役拒否者を支援した。一九一九年、十か国の平和主義者がオランダに集まり、国際友和会（International Fellowship of Reconciliation）を設立した。第二次世界大戦下では、フランスのル・シャンボン村で、アンドレとマグダ・トロクメが村人と共に数千人のユダヤ人をかくまって助ける活動を行い、ベルギーではマグダ・ヨース・ピータースがユダヤ人難民を保護した。また、アメリカの日系人強制収容に反対して活動した。一九五〇年代～一九六〇年代には、アメリカのマーティン・ルーサー・キングJr.と緊密に連絡を取って、公民権運動に積極的な役割を果たした。また、大気圏内核実験に対する抗議運動を組織するなど、早い時期から核廃絶を求めるキャンペーンを行ってきた。以降、ベトナム戦争、湾岸戦争、ユーゴスラビア爆撃などに一貫して反対する活動を継続させた。現在は、核兵器と戦争の廃絶に取り組み、青年のための平和創造トレーニングを主催し、ヘイト・クライムや人種差別、死刑制度に反対する教育や抗議活動を行っている。ＩＦＯＲには全大陸から四十以上の国別ＦＯＲが加入している。

（33）木鎌安雄『評伝トマス・マートン』ドン・ボスコ社、一九九二年、一八五～一八七ページ。

（34）David Tracy（1939～）ニューヨーク出身のカトリック神学者。一九六七年よりアメリカ・カトリック大学、一九八五年からはシカゴ大学神学部で組織神学、解釈学を教える。一九八二年、アメリカ芸術科学アカデミー会員となる。一九六八年、同僚のバーナード・マッギンらと共に、人工的産児制限を否定した回勅「フマーネ・ヴィテ」に異を唱えた。主著に、*Plurality and Ambiguity*, 1987. *On Naming the Present: God, Hermeneutics, and Church*, 1994. などがある。「修正神学」に位置づけられる彼の神学については、栗林輝夫『現代神学の最前線』（新教出版社、二〇〇四年）二〇二〜二一五ページを参照せよ。

（35）『トマス・マートン　アジア日記』伊東和子、五百旗頭明子訳、聖母文庫、二〇〇七年、三一三ページ。

（36）James W. Douglass（1937〜）カナダ、ブリティッシュ・コロンビア州出まれの平和活動家、神学者。バチカンⅡに、核戦争に関する教説のためのアドバイザーとして参加するなど、非暴力の神学を追及している。一九七七年には、ワシントン州のトライデント型原子力潜水艦基地近くに、妻のシェリーと共にGround Zero Center for Nonviolent Action を設立した。一九八〇年代末からは、中東、特にイラク、サラエボなどの紛争地を訪問し、平和のための対話、子どものための支援に取り組んだ。主著に、*The Non-Violent Cross: A Theology of Revolution and Peace*, 1968. *The Nonviolent Coming of God*, 1992. *JFK and the Unspeakable: Why He Died and Why It*

Matters, 2008. がある。

（37）アメリカ合衆国は、国際司法裁判所の「選択条項（義務的管轄権・強制管轄権）」の受諾を宣言しておらず、受諾国から提訴されても、応訴の義務を有していない。

（38）現在は二〇一五年十二月に「気候変動枠組条約第二十一回締約国会議」（いわゆるCOP21）において採択された「パリ協定」に発展している。アメリカのトランプ大統領は選挙戦の中で「パリ協定」からの脱退を口にしていた。

（39）「柔和な人は幸い――非暴力のキリスト教的起源」『平和への情熱　トマス・マートンの平和論』木鎌安雄訳、女子パウロ会、二〇〇二年、一一二～一三七ページ。

（40）弘田鎮枝シスターが本行動の報告を下記に載せておられる。（「続・非暴力者」女子パウロ会『Laudate』二〇一六年十二月号　http://121.50.46.169/time/time200612.php）ジョン・ディアは本書の元原稿を *National Catholic Reporter*（二〇〇六年十月三日号）に寄せており、シスターはそれに基づいて報告されたのである。翻訳に際して参考にさせていただいたことを感謝して付記する。

（41）「サンタフェ・ナイン」行動の参加者のうち六人には、翌二〇〇七年九月六日、アルバカーキの連邦地裁で三十日間の拘留と五千ドルの罰金が言い渡された。有罪の理由は、連邦政府ビルに居座って業務を妨害したというものであった。実際は、静かに請願書を手渡そうとしただけで、「妨害した」のは警察官たちであったのだが。(John Dear, Guilty! Of Trying to See our Senator,' at Web-site "Jonah House," http://www.jonahhouse.org/Dear0970.htm を参照。二〇一七年十一月二十二日最終アクセス)

(42) なお、第四章「キング牧師の大胆な非暴力」の初出は『福音と世界』(新教出版社、二〇一五年十二月)四〇〜四六ページである。

(43) John Dear, *The Nonviolent Life*, Pace e Bene Press, 2013.

(44) John Dear, *Living Peace, A Spirituality of Contemplation and Action*, Doubleday, 2001. 146〜162ページに沿って記す。

(45) 前掲書159ページ。

志村　真（しむら・まこと）

1957年、高知県須崎市生まれ。1982年、東京神学大学博士課程前期課程修了。日本キリスト教団都城城南教会（宮崎県）、若松教会（北九州市）、上下教会（広島県）を牧会した後、2002年より中部学院大学短期大学部（岐阜県関市）宗教主事。その間、ランカ合同神学校（スリランカ、1988年）、海外宣教研修所（アメリカ・コネチカット州、1996～97年）にて研修。2016年より蘇原教会副牧師を兼務。
著書に『イエス・キリストの人間観』（角川学芸出版）、編著書に『平和を目指す共生神学』（新教出版社）、訳書に、W・ウィンク『イエスと非暴力』（新教出版社）、ファベリア＆スギルタラージャ『〈第三世界〉神学事典』（林巖雄氏と共訳、日本基督教団出版局）がある。

剣《つるぎ》を収めよ
創造的非暴力と福音

2018年10月1日　第1版第1刷発行

著　者……ジョン・ディア
訳　者……志村　真

発行者……小林　望
発行所……株式会社新教出版社
〒162-0814東京都新宿区新小川町9-1
電話（代表）03 (3260) 6148
振替 00180-1-9991
印刷・製本……モリモト印刷株式会社

ISBN 978-4-400-40744-7 C1016